hänssler

Barbara Johnson

LACHEN STECKT AN –
WEINEN MACHT NASS

LASS DIE FREUDE IN DEIN LEBEN!

Barbara Johnson ist eine in den USA bekannte Rednerin und Humoristin. Sie ist die Gründerin der Organisation »Spatula«, die Eltern helfen möchte, deren Kinder sich in der Homosexuellenszene befinden.

2. Auflage 2000, Hänssler Verlag, D-71087 Holzgerlingen
hänssler-Paperback
Bestell-Nr. 392.606
ISBN 3-7751-2606-6

© Copyright 1992 by Barbara Johnson
Published in the United States of America by Word Publishing, Dallas
Originaltitel: Splashes of Joy in the Cesspools of Life
Übersetzt von Dr. Friedemann Lux

© Copyright der deutschen Ausgabe 1996 by Hänssler-Verlag,
Neuhausen-Stuttgart
Titelbild: Birgit Tanck
Umschlagsgestaltung: Dialog Werbeagentur
Satz: AbSatz Ewert-Mohr, Klein Nordende
Druck und Bindung: Ebner Ulm
Printed in Germany

Dieses Buch widme ich meiner a) ÄLTEREN und b) DÜN-NEREN Schwester, Janet, die mich seit Menschengedenken liebevoll »Punk« nennt und das weichste Herz der Welt hat. Als unsere Kinder noch klein waren, fuhren Janet und ich mit ihnen in ein Autokino, um uns *Tom Sawyers Abenteuer* anzusehen. Der Film war zu brutal für sie. Als die Szene kam, wo Toms Tante Polly dem unartigen Knaben mit dem Fingerhut eins auf den Kopf gibt, bestand Janet darauf, daß wir sofort wegfuhren. Aber sie ist immer für mich dagewesen — und für viele, viele andere auch. Sie weint leicht (aber stets an den richtigen Stellen), und die folgenden Sätze aus Carey Martins Artikel »Was ist eine Schwester?«, die sie so treffend beschreiben, werden sie zu Tränen rühren:

Eine Schwester ist eine der kostbarsten Figuren in deiner Lebensgeschichte, ein Teilhaber an einigen der intimsten Augenblicke deines Weges. Eine Schwester ist ein Fenster zur Vergangenheit, ein Kaleidoskop aus einer Million Lieblings-erinnerungen, die nie vergehen werden. Sie ist jene Foto-grafie, die du nie aus der Hand geben möchtest, der Brief, der an dem ganz besonderen Tag ankommt, die erste, der du die große Neuigkeit weitererzählst. Eine Schwester ist eine leben-dige Erinnerung an den Segen des Zusammenhaltens.
Eine Schwester ist eine Vertraute und eine Beraterin. Sie ist eine liebe, wunderbare Freundin und in gewisser Weise wie ein Zwilling. Sie ist die Hand in der deinen; oft ist sie der ein-zige Mensch, der dich versteht.
Was ist eine Schwester? Sie ist inniger als Worte, sie ist schön, sie ist einzigartig. Und in vieler Hinsicht wird niemand so geliebt wie sie.

INHALT

Dankeschön! ❀ 9

FANGEN WIR AN ... ❀ 11
Ein Schuß Freude, bitte!

KAPITEL 1 ❀ 14
Lächeln! Das nächste Unglück kommt bestimmt

KAPITEL 2 ❀ 31
Wie man trotz allem weitermacht

KAPITEL 3 ❀ 52
Warum ich nicht alles verstehen muß

KAPITEL 4 ❀ 70
Da sitz ich nun

KAPITEL 5 ❀ 89
Streß, Streß, Streß!

KAPITEL 6 ❀ 102
Lachen steckt an — Weinen macht naß

KAPITEL 7 ❀ 119
Fit, fitter, am dicksten

KAPITEL 8 ❀ 138
Vater werden ist nicht schwer, Mutter sein dagegen sehr

KAPITEL 9 ❀ 160
Herr, hilf, daß ich kein Besen bin, denn
morgen muß ich ihn fressen

KAPITEL 10 ❀ 179
Morgen ist Sonntag!

ZUGABE ❀ 198
Raus aus dem Dreck!

Anmerkungen ❀ 204

DANKESCHÖN!

Mein herzlicher Dank gilt all den vielen Menschen, die mir so bereitwillig die Geschichten, Gedichte, Briefe und sonstigen Materialien, die in diesem Buch erscheinen, zur Verfügung gestellt haben. Ihr habt mit die dicksten Stücke zum Freudenkuchen meines Lebens beigetragen!

Ich habe mich redlich bemüht, bei allen Zitaten in diesem Buch Autor und Copyright-Inhaber ausfindig zu machen. Bei vielen der Zeitungsausschnitte, handgeschriebenen Notizen, Gemeindebriefe usw., die ich von Freunden und Lesern in der ganzen Welt erhalten habe, war dies jedoch ein unmögliches Unterfangen. Bei vielen der Anekdoten und Leckerbissen in diesem Buch habe ich Material aus verschiedenen Quellen zusammengestellt, und die Briefe sind so abgeändert bzw. kombiniert, daß die Absender nicht mehr zu ermitteln sind. Falls Sie, lieber Leser, bei einigen der mit »Verfasser unbekannt« markierten Abschnitte die Quelle wissen sollten, dürfen Sie es mir gerne schreiben, damit ich bei späteren Auflagen dieses Buches entsprechend korrigieren kann.

Den folgenden Personen bzw. Verlagen und Firmen möchte ich ausdrücklich für die Erlaubnis zum Abdruck des folgenden Materials danken:

Ashleigh Brilliant für die Erlaubnis der Verwendung seiner *Pot-Shots* und *Brilliant Thoughts* (Brilliant Enterprises, 117 West Valerio St., Santa Barbara, California 93101).

Die Karikatur in Kapitel 1 ist eine Russ-Cartoon-Postkarte von Dana Summers; Abdruck mit Genehmigung.

Edgar Guests Gedicht »An alle Eltern« (aus: *All in a Lifetime*, Freeport, N.Y.: Books for Libraries Press, 1970) ist mit freundlicher Genehmigung der Ayer Company, Salem, New Hampshire, in Kapitel 2 abgedruckt.

Jane Wagners Gedicht »Warum dem Alltag entfliehen?« in Kapitel 5 stammt aus *Ten Fun Things to Do Before You Die* von Karol Jackowski, Copyright 1989 by Ave Maria Press, Notre Dame, Indiana 46556. Alle Rechte vorbehalten. Abdruck mit Genehmigung des Verlags. Deutsche Übersetzung aus: Karol A. Jackowski, *Mehr Spaß am Leben* (Freiburg: Herder, 1993).

Ernest Lowe hat mir den Abdruck seines Diabetes-Gedichtes in Kapitel 5 erlaubt.

Der Treppen-Cartoon in Kapitel 7 (Originaltitel »My Stair Treads have Started to Wear Out«) stammt von (Copyright) Recycled Paper Products, Inc. Alle Rechte vorbehalten. Originalentwurf: Hadley Robertson. Abdruck mit freundlicher Genehmigung.

Cartoon »Kinder sind eine große Hilfe im Alter« in Kapitel 8: Copyright 1989 by Gretchen Jackson Clasby. Abdruck mit Genehmigung.

Beim ersten Cartoon in Kapitel 8 stammen im englischen Original die Worte (»I try to take just one day at a time . . .«), jedoch nicht die Zeichnung, aus dem Buch gleichen Titels von Ashleigh Brilliant (Santa Barbara, California: Woodbridge Press, 1987). Abdruck mit freundlicher Genehmigung.

Das erste Gedicht in Kapitel 10 ist aus: Ruth Harms Calkins, *Tell Me Again, Lord, I Forget*, Copyright 1974. Abdruck mit Genehmigung des Verlags Tyndale House Publishers. Alle Rechte vorbehalten.

Ebenfalls in Kapitel 10: das Gedicht »Wenn ich in den Himmel komme«, von Beth Stuckwisch, Copyright 1984. Abgedruckt mit Erlaubnis von Dicksons, Inc., Seymour, Indiana.

Robert Hastings' Essay »Der Bahnhof« (»The Station«) ist im Abschnitt *Encore! Encore!* in *A Penny's Worth of Minced Ham* abgedruckt (Southern Illinois University Press). Alle Rechte vorbehalten. Abdruck mit Genehmigung.

FANGEN WIR AN ...

EIN SCHUSS FREUDE, BITTE!

Vor kurzem besuchte ich das christliche Familienhilfswerk *Focus on the Family*, um seinen Gründer und Vorsitzenden, Dr. James Dobson, zu interviewen. Als wir in seinem Büro saßen und uns erzählten, wie es uns in der letzten Zeit so ergangen war, merkte ich, daß er nicht richtig »drauf« war. Seine Stimme klang belastet — ganz anders als sonst.

Ich wußte, daß Dr. Dobson als Mitglied der Pornographie-Untersuchungskommission des US-Justizministeriums seit über einem Jahr jeden Monat eine Woche kreuz und quer durch Amerika reiste, um das Problem zu studieren. Er stand voll im Streß, und Drohbriefe und böse Anrufe bekam er noch dazu. Man sah es ihm an, wie sehr ihn die ganze Sache schlauchte.

Nun gut. Ich fragte ihn, ob wir das Interview nicht lieber verschieben sollten, bis er wieder richtig auf dem Damm sei. Worauf er mich ansah und sagte: »Barbara, wenn ich jemals einen tüchtigen Schuß von deiner Fröhlichkeit gebraucht habe, dann jetzt, heute!«

Wir machten das Interview, und es wurde wider Erwarten gut — viel besser, als wir beide gehofft hatten. Aber dieser Satz von Dr. Dobson mit dem Schuß Fröhlichkeit ließ mich nicht los. *Barbara*, sagte ich mir, *du solltest demnächst mal ein Buch schreiben, das dem Leser etwas zu lachen gibt, egal in was für einem Schlamassel er gerade steckt.* Der gute Dr. Dobson hätte es sich sicher nicht träumen lassen, daß aus seinem Seufzer ein Buch hervorging, das versucht, Freude und Hoffnung in eine freude- und hoffnungslose Welt zu tragen.

Ein fröhliches Buch also — gut. Aber der Schuß Fröhlichkeit zielt in eine durchaus unfröhliche Welt. Der amerikanische Originaltitel lautet: *Splashes of Joy in the Cesspools of Life*, was zu deutsch bekanntlich ergibt: »Freudenspritzer in den Jauchegruben des Lebens«, oder freier: »Gesang auf dem Misthaufen«. »Nicht jugendfrei«, sagten einige meiner Freundin-

11

nen. Ich dachte darüber nach. Und dann dachte ich darüber nach, was mir alle möglichen Menschen über das Elend ihres Lebens erzählten — und fand, daß sie exakt dort waren: ganz unten, im Dreck, in irgendeiner Jauchegrube.

Wohl die meisten von uns wissen aus eigener Erfahrung, wie es ist, in so einer Grube zu sein. Viele von Ihnen stecken vielleicht gerade jetzt über beide Ohren drinnen. Fast jeder von uns braucht einen Schuß Fröhlichkeit, einen Spritzer Freude — um herauszukommen aus dem Dreck, frischen Wind in die Seele zu lassen und weiterzugehen.

Mehrere Jahre lang benutzte ich beim Signieren meiner Bücher die Wendung »In Seinem Griff«. Aber dreimal den Punkt auf das »i« setzen, das wurde mir allmählich lästig. Gab es nicht etwas anderes, was genauso sinnvoll war, aber ohne all die lästigen »i«s?

Und dann fand ich das perfekte Wort: VOLL FREUDE. Sanft und flüssig und absolut i-frei. Genau das richtige Markenzeichen für die Bücher, die ich signiere. Ein Glücksfund und ein Segenswort. Es drückt genau das aus, was ich fühle, es ist der Schlüssel zu meiner Art, zu leben.

Und darum geht es in diesem Buch: fröhlich durchs Leben zu kommen. Ich möchte Ihnen einen Schuß Freude bringen, egal wie tief das Loch ist, in dem Sie stecken. Durch meine Bücher und meine Arbeit mit Familien bekomme ich jede Menge Reaktionen, die dann für mich selbst ein Schuß Freude sind. Zum Beispiel diese lieben Zeilen, die mir eine Frau schrieb:

*Gott benutzt Sie
als Wundöl, um
den Leib Christi
zu heilen.
Danke*

Eine andere liebe Freundin schrieb mir, daß viele Menschen auf ein Wort der Ermutigung warten bei ihrer Suche nach einem Ausweg »aus dem Tunnel der Verzweiflung, dem Sumpf der Mutlosigkeit, dem Morast der Angst, dem Treibsand der Hoffnungslosigkeit ... und all diesen Orten. Gott benutzt Dich, um Menschen durchzuhelfen.«

Solche Briefe geben mir jedesmal Auftrieb. Ebenso die Worte der Teilnehmerinnen an meinen Seminaren. Wenn ich ihnen drei Tage lang (was eigentlich nicht nötig wäre, aber ich wiederhole mich ziemlich oft) alles gesagt habe, was ich weiß, lasse ich sie sich in einem Kreis hinsetzen und sage ihnen: »Jetzt seid ihr dran. Sagt mir, wo euch der Schuh drückt.« Und sie sagen es, fast alle; sie können es kaum erwarten, bis sie an der Reihe sind. Und in solchen Stunden werden aus den Freudenspritzern kleine Freudenflutwellen, und ich muß an Sprüche 11,25 denken: »Wer reichlich gibt, wird gelabt, und wer reichlich tränkt, der wird auch getränkt werden.«

Kombiniere: Ich schreibe dieses Buch nicht nur für Sie, sondern auch für mich selber. Wir brauchen alle Freude — also los!

Voll Freude,

Barbara Johnson

KAPITEL 1

LÄCHELN! DAS NÄCHSTE UNGLÜCK KOMMT BESTIMMT

Das Leben ist das, was man daraus macht
— bis etwas passiert, das es schlimmer macht.

Ich hätte es mir eigentlich gleich denken können, daß dies keine »gewöhnliche« Strumpfhose war. Ich erhielt sie als geschmackvoll verpacktes Geschenk kurz vor dem 1. April von einer Freundin, die in einem Geschenk- und Scherzartikelladen arbeitete. Aber als ich sie aus der Schachtel nahm, sah sie aus wie andere wohlanständige Strumpfhosen auch, und ich dachte: *Wie nett von Alice! Strumpfhosen hat man nie genug.*

Zwei Tage danach — es war der 1. April — hatte ich auf einem großen Frauen-Gemeindefrühstück in unserer Nähe die Ansprache zu halten, und ich beschloß, zur Feier des Tages die neue Strumpfhose zu tragen. Als ich sie am Morgen wohlgemut anzog, stellte ich mit milder Verblüffung fest, daß sie mir fast bis unter die Achseln ging. Kommentar meiner schlechteren Hälfte Bill: »Was hast du denn da an? Sieht aus wie'n Wickelrock für werdende Mütter!«

Ich überhörte die Bemerkung meines ungehobelten Mannes und zog mich rasch fertig an. Offenbar hatte die gute Alice die falsche Größe erwischt, aber Zeit zum Umziehen hatte ich keine mehr, in zwanzig Minuten mußte ich in der Kirche sein.

Es ging alles gut, bis ich aufstand, um meine Rede zu halten, und dieses kribbelige Gefühl an der Brust bekam. Ich schaute in den V-Ausschnitt meines Kleides hinunter, und — o Horror! — etwas Braunes quoll heraus, stetig und unerbittlich. Bald lag es wie eine Halskrause um meinen Hals. Die entsetzliche Wahrheit dämmerte mir: Das war keine Strumpfhose, das war auch keine Stretchstrumpfhose, das war eine Super-Hyper-Mega-Stretchstrumpfhose (100 Prozent Spandex, wie ich später erfuhr). Es wäre kein Problem gewesen, sie oben zu einer Haarschleife zu binden.

Was tun? Das Monster zurück in mein Kleid stopfen und aussehen wie ein schwangeres Känguruh? Hier im Rampenlicht, vor fünfhundert Frauen? Und ich ergriff wacker die Flucht nach vorne und eröffnete meinen Zuhörerinnen, daß ich eine Freundin hatte, die wußte, daß ich den Monatsersten liebte – besonders den 1. April – und die mir aus diesem edlen Anlaß eine Strumpfhose der besonderen Art geschenkt hatte.

Ach so – kein Tumor vom anderen Ende der Milchstraße, sondern bloß eine Strumpfhose? Kichernde, lachende, brüllende Erleichterung im Saal. Immerhin war dies das erste Mal für meine Zuhörerinnen – und mich! –, daß eine Rednerin das Podium mit unverdächtigem Hals bestieg und nach den ersten Sätzen eine dicke braune Halskrause trug. Wir amüsierten uns köstlich, und warum? Weil ich nicht vor Verlegenheit im Erdboden versank, sondern das Beste aus meinem Malheur machte.

Wenn wir uns all das Elend in der Welt ansehen, ist so eine Scherzstrumpfhose nicht gerade ein Großbeben auf der Leidens-Richterskala. Aber sie illustriert doch eine wichtige Tatsache: daß Lachen eine gute Medizin ist. Den Erfolg meines Buches *Freude ist die beste Medizin* kann man eigentlich nur erklären, wenn man sich darüber klar wird, wie dringend viele Menschen ein Stückchen Freude brauchen, ein bißchen Humor und Lachen in einem Leben, das, wie es in einem Brief hieß, »so grau und grausam ist«.

Schauen Sie einmal mit mir in mein Postfach hinein, die Adresse für Dutzende von Briefen pro Tag, fast alle von Frauen, die gerade in einer der Jauchegruben des Lebens sitzen oder mühsam wieder herausgekrochen sind. Das Leiden hat *viele* Gesichter. Und die beste Medizin heißt: Lachen. Nicht, weil wir die Wahrheit verdrängen wollten, sondern weil wir gelernt haben, uns ihr zu stellen und durch sie hindurchzulächeln.

Hier ein Brief aus New York:

> Wie gerne würde ich Sie einmal persönlich treffen! Manchmal habe ich das Gefühl, daß niemand versteht, was ich durchmache. Auch mein Mann und ich haben zwei Kinder verloren. Unsere Donna, eine so schöne junge Dame, gab sich der Prostitution hin und wurde im November 1984, ganze 22 Jahre alt, ermordet. Wir haben sie noch nicht einmal mehr im Sarg sehen können; er wurde versiegelt überführt.
> Ein paar Monate danach erkrankte unser 27jähriger Jerry, der schwul war, an AIDS. Mit 28 ist er dann zu Jesus heimgegangen...
> Als unsere Kinder starben, sagten uns alle, wie sollten uns »in dem Herrn freuen«. Das haben wir auch versucht – mit dem Erfolg, daß ich meine Trauer verdrängte und jetzt noch nicht mal mehr weinen kann. Ich kenne nur noch ein Gefühl, und das ist Wut... Ich fühle mich wie ein Dampfkochtopf, der explodieren will. Ich bete viel; nur wenn ich bete, werde ich etwas ruhiger. ...
> Bitte beten Sie für mich. Ich bin am Ende und warte darauf, daß Gott etwas Neues aus meinem Leben macht. Er ist der starke Fels, er ist größer als ich, und ich laufe immer wieder zu ihm hin; manchmal bitte ich ihn, mir die Kraft für den nächsten Augenblick zu geben.

Aus Colorado:

> Letzte Woche habe ich erfahren, daß mein Sohn HIV-positiv ist und in diesem Winter viel krank war. Letzten Sonntagabend hat er angerufen.

Nur Gott kennt meinen Schmerz und meine Angst. Heute bringe ich es nicht fertig, mich an Gott festzuhalten, und so lasse ich Gott mich festhalten und meinen Sohn und meinen Mann...

Aus Kalifornien:

Es ist jetzt gerade ein Jahr her, daß unsere Tochter ihren Tauchunfall hatte und zu Gott ging. Wir vermissen sie furchtbar, aber zu wissen, wo sie jetzt ist, macht es leichter...

Aus Alabama:

Vor vier Jahren wurde mein Leben ein Scherbenhaufen. Wir hatten es so gut: genügend Geld, einen Sohn, eine Tochter, ein Haus, Gesundheit usw.
Als unsere Tochter in ihrem letzten Schuljahr war, sagte sie uns, daß sie eine Lesbe sei. Neun Monate danach und ohne jede Vorwarnung verließ uns mein Mann – nach 22 Jahren Ehe. Es zeigte sich, daß er ein Verhältnis mit einer Kollegin hatte...
Aber mein Glaube an Gott ist noch nie stärker gewesen ... und ich habe immer noch meinen Sinn für Humor! Ich weiß, daß Gott im Sattel sitzt, auch wenn mein Leben aus den Fugen zu sein scheint.

Aus Oregon:

Ich schreibe diese Zeilen am Weihnachtsmorgen. Draußen liegt Schnee, im Radio kommen die lieben alten Lieder. Gerade habe ich zum x-ten Mal Ihr Buch gelesen, und ich lächle beim Schreiben.
Ich lächle nicht oft, aber ich lerne es, wieder zu lachen. Meine Schwester Jean ist an Krebs gestorben, mein lieber, lieber Mann erschoß sich in unserem Schlafzimmer, und mein Vater starb auch an Krebs. Ich selber verlor nach etlichen Jahren meine Arbeitsstelle, und letztes Jahr im Juli warf mich ein Autounfall aufs Krankenbett; ich kann immer noch nicht wieder voll arbeiten, aber ich habe eine neue Ausbildung angefangen.
Nachts wache ich oft auf und weiß nicht mehr aus noch ein vor Einsamkeit und Angst und dieser Frage: WARUM? Und doch glaube ich irgendwie, daß ich Gott wiedergefunden habe, und tief drinnen weiß ich, daß er einen wunderbaren Plan für mich

hat. Ich muß nur glauben und geduldig darauf warten, daß er mir den Weg zeigt.

Aus Nevada:

Vor einem Jahr habe ich meinen 21jährigen Sohn durch Selbstmord verloren. Es war ein verlorenes Jahr für mich und meine Familie. Vor kurzem schickte mir eine Freundin Ihr Buch, das mir sehr geholfen hat. Ich mußte Ihnen das einfach einmal schreiben. Sicher wird es auch den Menschen helfen, die sich so rührend um mich kümmern.

Aus Missouri:

Das gleiche Elend wie Sie habe ich nicht mitgemacht, aber es reicht: Nach 19 Jahren wurde meine Ehe, die doch so gut zu sein schien, geschieden. Meine älteste Tochter lebte mit ihrem Freund zusammen und heiratete ihn — und jetzt, nach viereinhalb Jahren, auch die Scheidung. Meine zweite Tochter wurde mit 17 schwanger, heiratete, ließ sich scheiden und heiratete wieder — alles in kaum einem Jahr.

Aber das Schöne ist, daß Gott mich die ganze Zeit nie verlassen hat. Er hat nicht nur meine Lasten mitgetragen, sondern mir auch andere Menschen geschickt, um mir in all dem Schmerz zu helfen.

WIR KÖNNEN UNSEREM LEID NICHT ENTGEHEN; ABER *WIR BRAUCHEN NICHT DARUNTER ZUSAMMENZUBRECHEN!!!* Noch einmal vielen Dank.

FREUDE IM LEID? JAWOHL!

Diese wenigen Briefauszüge sind nur die Spitze eines Eisbergs; ich könnte dieses ganze Buch und noch mehrere dazu nur mit solchen Briefen füllen. Tausende und Abertausende Menschen wollen wissen, wie sie einen Schuß Freude bekommen können in ihrem Elendsloch — und wie sie endlich aus diesem Loch herauskriechen können.

Ich kenne das. Ich bin selber in dem schwarzen Schlammloch des Leidens gewesen und mit Gottes Hilfe wieder herausgekommen. Es vergeht kaum ein Tag, wo ich nicht an dieses Loch erinnert werde, und manchmal drohe ich von neuem hineinzurutschen. Nein, ich habe keine Glückspillen oder Patentlösungen zu bieten. Aber ich weiß, daß *Freude im Leid* eine Realität für mich ist — und auch für Sie werden kann!

MÜLLABFUHR FÜR DIE SEELE

Im Laufe der Jahre habe ich verschiedene Strategien gelernt, in den Jauchegruben des Lebens ein Stückchen Freude zu finden. Das heißt, »Strategien« ist nicht ganz das richtige Wort; technische Sachen überlasse ich lieber meinem Mann. Nennen wir es also *Lebens-Tips*. Und diese Tips hängen eigentlich alle an einem meiner Lieblingsbibelverse:

»Im übrigen, meine Brüder (und Schwestern): Richtet eure Gedanken auf das, was gut ist und Lob verdient, was wahr, edel, gerecht, rein, liebenswert und schön ist« (Philipper 4,8, Gute Nachricht).

Ich nenne Philipper 4,8 meinen »Müllabfuhr-Service«. Auf diesem Vers lade ich all den Dreck, Unrat und Sperrmüll meiner Seele ab, so daß ich sie füllen kann mit Dingen, die frisch, aufbauend und gesund sind. Es sind viele Bücher über »positives Denken« geschrieben worden, aber Paulus hat sie schon vor fast zweitausend Jahren alle übertrumpft mit diesem Vers Philipper 4,8, den er im Gefängnis schrieb, wo er, an einen römischen Wächter angekettet, auf seine Hinrichtung wartete.

An einem Freude-losen Ort, in Freude-losen Umständen war Paulus VOLL FREUDE. Er wußte, daß der Unterschied zwischen Jauchegrube und Freudenspritzern oft darauf beruht, mit welchen Augen man das, was einem so passiert, betrachtet.

Kürzlich begann mir aufzugehen, daß ja die Haushaltsartikel, die ich im täglichen Leben benutze, eine halbe Predigt über die Wichtigkeit meiner inneren Einstellung sind. So benutze ich gerne START-Schmierseife[1], weil der Name mich daran erinnert, daß Christen immer wieder einen Neuanfang machen können. 1. Johannes 1,9 verspricht uns ja, daß Gott uns dann, wenn wir unsere Sünden bekennen, von allem Bösen reinigt. Das heißt doch, daß unsere Vergangenheit eine zerrissene Rechnung ist, unsere Zukunft ein Schuldschein und das Heute reines Bargeld! Jeden Morgen bete ich: »Herr, danke für diesen neuen Tag, dieses frische, unbeschriebene Blatt.

Danke für einen ganzen Tag voller aufregender Dinge, neuer Erfahrungen und neuer Herausforderungen.«

Ich benutze auch mit Vorliebe ein Spülmittel namens JOY (»Freude«) — nicht nur wegen des frischen Zitronenaromas, sondern weil der Name mich an die Freude im Leben des Christen erinnert. Sich freuen — das heißt, wieder anfangen können, das heißt, Gott in den Knochen haben. Freude ist mehr als bloßes Happy-sein, das doch so sehr von den äußeren Umständen abhängt. Das große Glück kann in einer Sekunde verfliegen, aber Gottes Freude, das ist ein tiefer Strom im Grunde unseres Herzens, der immer weiterfließt, was auch geschehen mag.

Diese beiden Markennamen halfen mir so sehr, daß ich anfing, solche Namen zu sammeln — Namen wie SCHWUNG, FROH, PERFEKT, um nur ein paar zu nennen. Als ich ein paar Dutzend beisammen hatte, machte eine Freundin von mir die folgende kleine Geschichte daraus, die ich seitdem gerne auf Konferenzen und Seminaren zum besten gebe:

TANTE EMMA-OPER

Als junge Mutter schwelgte ich gerne in LUFT-FRISCH-Schlössern. Ich wollte meine Kinder PROPER erziehen, bis zum nächsten KUSCHELWEICH-Abend mit meinem Mann. Mein Leben als Christ war voller DRIVE, immer wieder rief ich: »BRAVO, Gott!« Mein Weg mit Gott begann, als ich ihm meine Sünden und mein Leben übergab und er mich FLECK-FREI machte. Ein großes PLUS war auch, daß meine Kinder ihr Leben Christus übergaben, und daß mein Mann ein wackerer Christ war, das war SUPER. Ich dachte, das würde so weitergehen bis zu meinem TRIUMPHeinzug in den Himmel, aber bald war das Leben gar nicht mehr HAPPY.

Als erstes fand mein Mann, der immer mein MR. SAUBER gewesen war, daß eine andere Frau KNACKIGer war, und weg war er. Ich fand das gar nicht BANAL. Eine Woche später rief mein mittlerer Sohn an und sagte mir, daß er schwul war. Ich wurde WILD.

Ich ließ in meiner Gemeinde einen lauten SOS-Ruf los, aber das half meinem gekränkten EGO wenig, und ich fiel in ein richtiges DOWN. Ich wurde depressiv und dick, ging nicht mehr zur Kirche, und mein Leben GLITZerte überhaupt nicht mehr.

Dann rief mich eine alte Freundin an, ein richtiges GOLD-stück. Ich sagte ihr, daß mein Leben keinen DRIVE mehr hätte. Sie sagte, daß ihres auch nicht TIPPTOPP sei, aber wenn wir uns zusammentäten und den SCHILD des Glaubens nähmen, könnten wir einen neuen START machen. Gesagt, getan — wir beteten und redeten zusammen und ließen uns von Gott durchpusten und innerlich FIT und CLEAN machen. Ich konnte wieder LACHen.

Ich finde es TOLL, daß mein Leben so gelaufen ist, wie es gelaufen ist, weil ich so gelernt habe, BÜGELFREI zu leben. Meine Familie braucht nicht mehr PERFEKT zu sein, damit ich glücklich bin. Manchmal habe ich ein DOWN und ver-renne mich wieder, aber wenn ich dann bete, kommt der Hei-lige Geist und macht mich FRESH. Ich freue mich auf den Tag, wo Jesus mich zu sich in den Himmel LIFTen wird. Bis dahin halte ich mich an sein Wort und diene Gott.

Am besten an dieser Geschichte finde ich das mit dem SCHILD des Glaubens und dem neuen START durch das Wort Gottes und den Dienst für Gott. Ich erinnere mich, gehört zu haben, daß die durchschnittliche Frau vierzehn Jahre ihres Lebens mit Hausarbeiten zubringt. Wenn ihr Mann längst pensioniert ist, schrubbt und saugt und putzt sie immer noch — und benutzt Produkte wie die gerade oben erwähnten. Als mir das klar wurde, fragte ich mich, ob man diese Zeit nicht produktiver machen kann. Was können wir machen mit diesen vierzehn Jahren, die wir mit den Händen im Spülstein, dem Kopf in der Toilettenschüssel und unseren Gedanken wer weiß wo verbringen? Es müßte doch wohl eine Methode geben, weg von dem Staub und Rost, den Flecken und Fusseln zu schauen und statt dessen auf das Gute, Reine und Liebenswerte zu blik-ken!

BIBEL-MEMORY EINMAL ANDERS

Eine der besten Methoden, die Hausarbeit zu versüßen, stammt von meiner Schwiegertochter Shannon, die mit mei-nem Sohn Barney verheiratet ist. Sie schreibt sich Bibelverse heraus, die mit dem Namen des Produktes, das sie gerade benutzt, zu tun haben (zum Beispiel Verse über die Freude, wenn sie das Spülmittel JOY benutzt), und klebt sie auf die

Flasche oder Packung, und wenn sie ihre Hausarbeit erledigt, lernt sie diese Verse auswendig. Sobald sie sie fehlerfrei kann, pellt sie die Zettel mit den Versen wieder ab und klebt neue auf, mit anderen Bibelversen, die zu dem Produktnamen passen, worauf das Auswendiglernen von vorne losgeht.

Man kann nur staunen, wieviele Bibelstellen man zu solchen Worten wie GLANZ, REIN, PERLE oder SCHÖN findet. Manchmal springen einem die Verse förmlich vor die Nase, und bevor man es sich versieht, nimmt man — frei nach 2. Korinther 10,5 — jeden Gedanken, der sich gegen Gott auflehnt, gefangen.

Wie sehr brauchen wir in unserem Leben die stabilisierende Wirkung, die eine eiserne Ration von Bibelversen mit sich bringt! Als Kind sang ich in der Sonntagsschule oft den folgenden Chorus: »Dein Wort nehm ich auf in mein Herz, daß ich gegen Dich nicht sündige — daß ich gegen Dich, daß ich gegen Dich, daß ich gegen Dich nicht sündige.« Ich lernte dieses kleine Lied als Sechsjährige, und die Worte (nach Psalm 119, 11) sind mir unauslöschlich im Gedächtnis geblieben.

Und im Wohnzimmer meiner Eltern hing ein Bibelspruch an der Wand. In blauen und goldenen Buchstaben hieß es dort: »Laß dir wohlgefallen die Rede meines Mundes und das Gespräch meines Herzens vor dir, Herr, mein Fels und mein Erlöser« (Psalm 19,15). Ich sehe ihn heute noch vor mir, diesen Vers an der Wand über dem Sofa.

Wir wissen natürlich alle, daß das Auswendiglernen von Bibelversen gut ist — aber woher, bitte schön, die Zeit nehmen und nicht stehlen? Bibelverse auf die Spülflasche und den Waschmittelkarton aufzukleben ist eine ebenso einfache wie wirkungsvolle Methode, die Hausarbeit weniger langweilig zu machen und sich gleichzeitig Gottes Wort einzuverleiben. Wenn ich heute eine neue Zahnpastamarke sehe, fische ich in meinem Hinterkopf gleich nach passenden Bibelstellen.

Es funktioniert auch bei Kosmetika. Kürzlich sah ich in einem Kaufhaus eine Gesichtscreme, die MORGENWIND hieß; sofort mußte ich an den Vers »Der Wind weht, wo er will« denken (Johannes 3,8). Gleich daneben waren zwei Parfüms: VERHEISSUNG und MEMORY. Gleich mußte ich an 2. Petrus 1,4 denken, wo von den »teuren und allergrößten Verheißungen« Gottes die Rede ist, durch die wir der Schlechtigkeit der Welt entrinnen können. Und konkrete Verheißungen gibt es in der Bibel natürlich in Hülle und Fülle — bedienen Sie sich! Eine meiner Lieblingsverheißungen ist Römer 8,28. Aber auch Psalm 34,20 ist nicht schlecht: »Der Gerechte muß viel leiden, aber aus all dem hilft ihm der Herr.«

Das MEMORY-Parfüm ließ mich an Johannes 14,26 denken: »Aber der Tröster, der heilige Geist, den mein Vater senden wird in meinem Namen, der wird euch alles lehren und euch an alles *erinnern*, was ich euch gesagt habe.« Und wenn man statt »Erinnerung« »Gedächtnis« sagt, ist man sogar beim Abendmahl: »Das tut zu meinem Gedächtnis« (Lukas 22,19).

Kann sein, daß MORGENWIND nicht eine Gesichtscreme ist, sondern eine Zahnpasta oder eine Margarine. Kurz und gut: Alle möglichen Markennamen lassen sich von Werbeschreien zu Wegweisern umfunktionieren, die uns zu dem hinführen, was gut, wahr, edel, gerecht, rein, liebenswert und schön ist (Philipper 4,8). Gottes Wort im Einkaufskorb oder im Putzeimer? Kein Problem!

JEDER TAG IST WAHLTAG

Jeden Morgen neu haben wir die Wahl: Will ich heute so leben, als ob Christus gestern starb, heute aufersteht und morgen wiederkommt, oder so, als ob er gestern starb und dann nichts mehr? Die Wahl liegt bei uns.

Wußten Sie schon, wie man vor achtzig Jahren Wäsche wusch? Wenn Sie es noch nicht wissen, dann lesen Sie die folgenden Anweisungen einer amerikanischen Einwanderergroßmutter an eine junge Braut. Vielleicht schreiben Sie sie einfach ab und hängen sie über Ihrer vollautomatischen Waschmaschine mit Öko-Elektronik auf. Sie können sie dann jedesmal, wenn Sie sich wieder einmal ob Ihres ach so mühseligen Lebens bedauern wollen, lesen und sich daran erinnern, daß *wir immer eine Wahl haben.*

WASCHTAG, 1916

1. Mache im Hof ein tüchtiges Feuer, mit dem Du einen Kessel Regenwasser erhitzt.
2. Stelle die Waschzuber so auf, daß Dir der Wind nicht den Rauch in die Augen bläst.

3. Raspele ein großes Stück Kernseife in das kochende Wasser
hinein.
4. Sortiere die Wäsche in drei Haufen: weiße Wäsche — Bunt-
wäsche — Arbeitshosen und Lumpen.
5. Rühre Mehl glatt in kaltes Wasser ein; anschließend mit
kochendem Wasser verdünnen.
6. Schmutzflecken kräftig auf dem Waschbrett reiben, dann
kochen. Die farbigen Wäschestücke auch reiben, aber nicht
kochen, sondern nur spülen und stärken.
7. Hole die fertige weiße Wäsche mit dem Besenstiel aus dem
Kessel heraus; dann spülen und stärken.
8. Hänge die Lumpen zum Trocknen auf den Zaun.
9. Handtücher und Laken auf dem Gras zum Trocknen aus-
breiten.
10. Gieße das gebrauchte Spülwasser auf die Blumenbeete.
11. Schrubbe mit dem noch heißen Seifenwasser den Vorplatz
vor der Haustür.
12. Die leeren Zuber umstülpen.
13. Ziehe Dich um, stecke neue Kämme in Dein Haar, mache
Dir eine Tasse Tee, setze Dich zum Ausruhen in den Schaukelstuhl und zähle auf, wofür Du alles danken kannst.

Ich mag die Lebensweisheit dieser Großmutter. Ich verstehe
sie so, daß das Danken erst kommen kann, wenn man
bestimmte Wahlen getroffen hat.

Das folgende Gedicht ist aus einem Gemeindebrief einer
Kirche in Wichita (Kansas). Den Dichter kenne ich nicht, aber
wer immer es war, er verstand etwas von der Macht der inneren
Einstellung.

WIR HABEN DIE WAHL

Wir wählen, wie wir leben:
mutig oder feige,
ehrenhaft oder unehrenhaft,
mit oder ohne Ziel.
Wir entscheiden, was wichtig ist
und was Nebensache im Leben.
Was unser Leben zählen läßt,
ist das, was wir tun und das, was wir lassen.
WIR ENTSCHEIDEN.
WIR WÄHLEN.
Und im Wählen und Entscheiden
wächst unser Leben ...

»Aber Barbara«, fragen die Leute mich, »wie kann ich mich entscheiden, positiv zu sein, wenn das Leben so negativ ist?« Erinnern wir uns an Philipper 4,8. Freuen tut sich der, der sich freuen will. Und wer traurig sein will, nun, der wird traurig sein. Wie jemand einmal sagte:

DER OPTIMIST SIEHT EINE AUSTER
UND FREUT SICH AUF DIE PERLE.
DER PESSIMIST SIEHT EINE AUSTER
UND HAT ANGST, SICH ZU VERGIFTEN.

Der Pessimismus scheint heute Konjunktur zu haben. Von morgens vier bis abends elf immer wieder schlechte Nachrichten im Radio – kein Wunder, wenn Optimisten manchmal als etwas seltsame Käuze gelten. Aber Tatsache ist – so viele Psychologen –, daß man als Optimist viel besser durchs Leben kommt. Optimismus ist die beste Medizin gegen Depressionen – jene schwarzen Löcher in der Seele, in die die Enttäuschungen, Kratzer und Beulen des Lebens einen hineindrücken. Ich liebe den folgenden Aufkleber:

EIN PESSIMIST FÜHLT SICH SCHLECHT,
WENN ES IHM GUT GEHT,
AUS ANGST, SICH NOCH SCHLECHTER ZU FÜHLEN,
WENN ES IHM BESSER GEHT.

Pessimismus lähmt. Optimismus befreit. Die Experten versichern uns, daß Optimisten mehr Erfolg haben, gesünder sind, länger leben und angenehmer alt werden als Pessimisten. Ich mag vor allem das Letzte, mit dem »angenehmer alt werden«.[2]

VOLLE KRAFT AUF »OPTIMISTISCH«!

Daß ein Pessimist es lernen kann, ein Optimist zu werden – das hört man gern, nicht wahr? (Seit Jahren versuche ich, das meinem Bill klarzumachen.) Und am besten fängt man mit dem Lernen so an, daß man seine Denkmuster ändert – besonders dort, wo es darum geht, sich zu erklären, warum das Leben so ist, wie es nun mal ist.

Der Pessimist ist ein ständiger Negativdenker. Da stehen Bill und ich an einem der seltenen smogfreien Tage, die es in Südkalifornien gibt, im Garten, schauen zu dem blauen Himmel und den weißen Fotografierwolken hoch, und ich sage: »Heute ist der liebe Gott mit dem Staubsauger über den Himmel gegangen.« Worauf Bill zu demselben Himmel hochschaut und erwidert: »Ja, und morgen leert er den Staubbeutel aus.«

Ein Optimist erfindet das Flugzeug. Bill würde — wenn es das Ding nicht schon gäbe — den Fallschirm erfinden.

Wo der Optimist die Chance seines Lebens sieht, sieht der Pessimist das große Risiko. Wenn Sie auch zu denen gehören, die den blauen Himmel anschauen und Angst vor dem nächsten Wolkenbruch haben, dann *versuchen Sie, Ihr negatives Denken in den Griff zu bekommen.* Werden Sie sich all des Negativen, das Sie über sich selbst, Ihre Mitmenschen und das Leben denken, bewußt, und jedesmal, wenn Sie merken, daß Sie wieder negativ zu denken beginnen, sagen Sie sich: »STOP!« Schalten Sie den automatischen Piloten Ihres Lebensflugzeugs auf »optimistisch«. Formulieren Sie Philipper 4, 8 frei als Gebet — vielleicht so:

> Herr, wenn ich wieder ein Gerücht höre oder Klatsch oder einfach Lügen, dann hilf mir, meine Gedanken auf das zu richten, was wahr, gut und richtig ist. Hilf mir, alles Negative und Doppelbödige auszublenden und meine Antenne ganz auf das Schöne und Reine auszurichten.
>
> Wenn die Menschen um mich mir auf die Nerven gehen, dann laß mich ihre guten Seiten sehen. Laß mich ihre Fehler vergessen und ihre Stärken behalten.
>
> Und wenn ich wieder mich selbst bemitleiden will, dann zeige Du mir, wofür ich Dir danken kann. Erinnere mich an all das, womit Du mich segnest und glücklich machst.

LÄCHELN MACHT SCHÖN

Man findet immer etwas, worüber man lächeln kann. Mein letztes Buch hieß *Freude ist die beste Medizin.* Nicht alle Leute kriegen den Titel richtig hin. Eine liebe Frau aus Kalifornien, die mich in einer Radiosendung gehört hatte, brachte in ihrem Brief gleich zwei neue Varianten:

Ihre Sendung hat mir gut gefallen, Sie reden wie ein Wasser-
fall. Bücher lese ich eigentlich keine, aber Ihr »Kreide ist die
beste Medizin« oder wie es heißt, könnte ich gebrauchen. Ein
bißchen Lachen könnte mir nicht schaden, und ich kenne
mehrere Leute, denen es ähnlich geht. ...
Sie werden entschuldigen, daß ich so einen langen Brief
schreibe, bloß um Ihr Buch zu bestellen. Ich habe den Radio-
sender angerufen, und die sagten mir, »Freude ist die schnell-
ste Medizin« sei echt gut.

Ob schnell oder langsam, Freude oder Kreide — Hauptsache,
meinen Lesern hilft es.
Eines meiner Lieblingsgedichte ist dieses:

> *Das Leben ist einfacher, als Du denkst.*
> *Alles, was Du brauchst, ist dies:*
> *Akzeptiere das Unmögliche,*
> *verzichte auf das Unentbehrliche,*
> *trage das Untragbare*
> *und*
> *lächle über alles.*
> (Verfasser unbekannt)

Ja, über alles lächeln können — das ist der Schlüssel. Humor ist,
wenn man trotzdem lacht, und das verändert unsere Einstellung. Und wir müssen doch alle aufpassen, daß wir nicht ver-
härtet und bitter werden!
Pastor Charles Swindoll ist einer der optimistischsten Menschen, die mir über den Weg gelaufen sind. Man sieht ihn kaum
jemals, ohne daß er lächelt. Er schreibt:

> Je länger ich lebe, um so mehr begreife ich, wie sehr unsere
> Einstellung unser Leben prägt. Für mich ist die Einstellung
> wichtiger als die Tatsachen. Ich finde sie wichtiger als Vergan-
> genheit, Bildung, Geld, Umstände, wichtiger als Erfolge und
> Niederlagen, wichtiger als das, was andere Menschen denken
> oder sagen oder tun, wichtiger als Aussehen, Begabung oder
> Fertigkeiten. Unsere Einstellung entscheidet über Sein oder
> Nichtsein — in der Firma, in der Gemeinde, in der Familie.
> Und das Tollste ist: Wir können jeden Tag neu die Einstellung
> wählen, mit der wir durch diesen Tag gehen. Wir können nicht
> unsere Vergangenheit ändern ... auch nicht die Art, wie
> bestimmte Menschen sich verhalten. Wir können nicht das

Unvermeidliche ändern. Wir haben nur eine Saite, auf der wir spielen können, und das ist unsere Einstellung.[3]

Spielen Sie auf Ihrer Saite, so fröhlich Sie können. Selbst wo alles verquer läuft — machen Sie das Beste daraus. Jeder Tag kann Wunder bringen. Ein unbekannter Dichter hat es so gesagt:

Ein frischer Tag

Wenn Du erwachst und siehst die Welt
rotgolden in der Sonne Bad,
dann halte still und laß dies Bild
ein Balsam für die Seele sein.
Freudig gespannt geh in den Tag,
den Gott so herrlich läßt aufgehn,
ein königliches Prachtgeschenk,
Taudiamant und Sonnengold!
(Verfasser unbekannt)

Kleine Häppchen

Optimismus ist, wenn man drei Teenagersöhne hat und nur ein Auto.

* * * * * *

Werte

Oft fragten Weise schon, warum
Gott zuläßt in der Welt
Sturm, Tränen, wilde Meereswut,
in der das Schiff zerschellt.
Doch ohne Hagel, Regenflut
und Donner, Blitz und Schlag,
wie wüßten wir zu schätzen ihn,
den wolkenlosen Tag?
(Verfasser unbekannt)

* * * * * *

DER PESSIMIST HAT KEINEN ANLASSER,
DER OPTIMIST KEINE BREMSE.

*KANN SEIN, DASS AM ZIEL DER PESSIMIST
RECHT HAT.
ABER DER OPTIMIST HAT MEHR VON DER FAHRT.*

* * * * * *

KOPF HOCH!

Lächle, und der Tag wird fröhlich,
lächle, und der Tag wird klar.
Denke hell, und Du wirst glücklich,
es wird gut. Ja, das ist wahr.
Runzle finster nicht die Stirne,
sei kein Trübsalssauertopf!
Denn Du wirst so wohl Dich fühlen,
wie Du denkst in Deinem Kopf.
(Susan L. Wiener)

* * * * * *

AUF DIE HELLEN SEITEN DES LEBENS ZU SCHAUEN
HAT NOCH NIEMAND DIE AUGEN VERDORBEN.

* * * * * *

Die ganz großen Preise kriegen wir nicht.
    Die Nobelpreise,
    die Forschungspreise,
    die Oscars.
Aber dafür die kleinen Lebensfreuden.
    Das anerkennende Schulterklopfen.
    Den lieben Kuß.
    Den großen Fisch an der Angel.
    Den romantischen Vollmond.
    Den freien Parkplatz.
    Das warme Kaminfeuer.
    Das tolle Sonntagsessen.
    Den herrlichen Sonnenuntergang.
Genieße sie, die kleinen Freuden.
Es sind genug für alle da.
(Verfasser unbekannt)

* * * * * *

*GLAUBE IST: ALLES AUF GOTTES KARTE SETZEN
UND AN DEN SIEG GLAUBEN,
BEVOR MAN IHN HAT.*

* * * * * *

*EIN LÄCHELN IST EINE RUNZEL,
DIE MAN NICHT GLÄTTEN SOLLTE.*

* * * * * *

*LÄCHELN IST DIE BELEUCHTUNG DES GESICHTS
UND DIE HEIZUNG DES HERZENS.*

* * * * * *

*EIN LÄCHELN IST EIN LICHT IM FENSTER
DEINES GESICHTS,
DAS ZEIGT, DASS DU ZU HAUSE BIST.*

* * * * * *

Seht zu, daß ihr für die anderen in jeder Lage das rechte Wort habt, das ihnen weiterhilft (Epheser 4, 29, Gute Nachricht).

KAPITEL 2

WIE MAN TROTZ ALLEM WEITERMACHT

Lernen hat eine bittere Wurzel,
aber es trägt süße Frucht.
(Böhmisches Sprichwort)

Lächeln ist kein schlechter Anfang, um Freudenpfützen im Sorgenschlamm des Lebens zu finden. Aber wer in diesem Schlamm auf Dauer überleben, ja sich aus ihm herausarbeiten möchte, der muß lernen, mit Trauer und Schmerz umzugehen. Nichts von dem, was uns geschieht, kommt zufällig – und egal, wie wir uns fühlen, es kommt nicht nur, es wird auch wieder gehen! Das Problem ist nur: Was mache ich, bis es gegangen ist? Was tun, wenn unser Lebensboot kieloben treibt und zu sinken droht?

Manchmal läßt der Tod eines lieben Menschen unser Schiff kentern. Ich möchte hier nur zwei oder drei Beispiele geben aus den vielen Briefen, die ich von Menschen erhalte, denen ein Trauerfall den Boden unter den Füßen weggerissen hat:

Vor fünf Wochen brach unser Ältester, Jeff, mit elf Jahren plötzlich tot zusammen. Er hatte eine Herzmuskelentzündung. Die Leute in der Kirche und im Betrieb und die Nachbarn sorgen rührend für uns, aber meine Welt ist zerstört und mein Herz entzweigerissen: Die eine Hälfte ist dankbar, daß Jeff Jesus kannte und jetzt bei Ihm im Himmel ist, aber die menschliche Hälfte sehnt sich so nach ihm. . . . Heute morgen bin ich die sieben Kilometer zum Friedhof und zurück gelaufen. Ich saß an dem Grab, weinte und betete und gab mich den Erinnerungen hin.

* * * * * *

Letzten Sommer sah ich im Buchladen Ihr Buch *Freude ist die beste Medizin.* Ich war noch ganz benommen von dem Mord an unserer Tochter; ich bin es noch heute, wenn ich an diesen

Abschnitt meines Lebens zurückdenke. Ich dachte: »Warum nicht?« und kaufte das Buch. Noch am gleichen Abend las ich es, und es war eine der seltenen Stunden, wo ich lachen konnte nach Melanies Entführung, Folterung und Ermordung durch diese Wahnsinnigen, die sich für Hohepriester einer Geheimsekte hielten.

Ihr Schmerz war nicht genauso wie unserer, aber wo es um den Tod eines Kindes geht, fühlen letztlich alle Mütter gleich.

Eine andere Mutter schrieb mir von ihrer Tochter, die Mukoviszidose hatte und schließlich ein Rollstuhlfahrer wurde. Diese Mutter und ihr Mann taten alles für ihre Tochter, aber sie starb mit fünfzehn Jahren. Ein Jahr später wurde ihnen eine zweite Tochter geboren, und noch zwei Jahre danach, als große Überraschung, ein drittes Mädchen. »Bis letzten März«, schrieb mir die Mutter, »war alles gut. Dann schlug der Krippentod zu; unsere kleine Tochter starb im Schlaf in ihrem Bettchen. Das ist alles so furchtbar.«

Briefe wie diese — und sie kommen fast täglich — helfen mir, zu verstehen, warum ich durch meine eigenen Schmerzlöcher hindurch mußte. All das Leid, das ich selbst durchgemacht habe, die bittersüßen Erinnerungen, die heute noch wie Geschoßsplitter in meinem Herzen liegen — sie haben mir das Rüstzeug dafür gegeben, anderen Menschen in *ihrem* Leid zu helfen.

Ja, die bittersüßen Erinnerungen — sie sind immer da, sie gehören zu unserem Leben, und wenn wir nicht mit ihnen zu Rande kommen, werden sie weiter an uns nagen und uns alle Kraft nehmen. Deswegen ist es so wichtig, gute Erinnerungen zu sammeln, solange wir können — damit wir dann, wenn die bitteren Zeiten kommen, genügend süße Erinnerungen haben, um den Schock abzufangen und jenen Splittern im Herzen mit einer Schutzschicht aus Liebe ihre Kanten zu nehmen.

Wenn ich auf meine eigenen Lebenstragödien zurückblicke, stelle ich fest, daß sie sich alle um die Männer in meinem Leben drehten — die Männer, die ich am meisten liebte. Ich habe durch meine Vorträge und Bücher Tausenden von Menschen vier dieser Katastrophen erzählt: den Unfall, der meinen Mann ins Koma schleuderte, den gewaltsamen Tod zweier unserer vier Söhne und schließlich die furchtbare Entdeckung, daß einer der beiden überlebenden Söhne schwul war.

Im Laufe von neun Jahren wurde so die glückliche Familie, die Bill und ich gebaut hatten, zerrissen. Aber ich glaube, ich habe schon früher in meinem Leben zu lernen begonnen, wie man mit Schmerz und bittersüßen Erinnerungen umgeht. Als ich ganze zwölf Jahre alt war, verlor ich meinen Vater – plötzlich und unerwartet, wie es so schön heißt.

»ICH BRING DIR BLACK JACK MIT«

Mein Vater war Zweiter Pastor in einer Gemeinde in Grand Rapids im US-Staat Michigan. Ich werde nie den Abend vergessen, wo er unser Haus verließ, um zu einer Gemeinderatssitzung zu gehen. Es war noch früh am Abend, und meine Mutter, meine Schwester und ich hörten das Radioprogramm »Ein Topf voll Gold«, in welchem Horace Heidt aufs Geratewohl Nummern aus dem Telefonbuch anrief. Wir hofften natürlich immer, daß er uns anrufen würde und wir den Goldtopf – tausend Dollar – gewinnen würden.

Nun, das Telefon klingelte wirklich, aber es war nicht Horace Heidt, sondern mein Vater, der meiner Mutter sagte, daß er sich nicht wohlfühle und etwas für den Magen genommen habe, aber trotzdem bis zum Ende der Sitzung bleiben würde. Dann bat er mich an den Apparat und fragte: »Was kann ich dir mitbringen, wenn ich wiederkomme?«

»Black-Jack-Kaugummi«, antwortete ich wie aus der Pistole geschossen. Mein Vater lachte. Er wußte natürlich, was für eine Black-Jack-Närrin ich war. Ich mochte den Lakritz-Geschmack, und meine besondere Spezialität war, mir das Zeug so über die Zähne zu schmieren, daß es aussah, als ob ein paar fehlten. Einmal wollte ein Lastwagen uns nicht überholen lassen; dem Fahrer schien es zu gefallen, wie ich ganz frustriert aus dem Fenster sah. Ich kaute gerade wieder einmal Black Jack, und so klebte ich es mir kurzerhand auf die Zähne und grinste den Kerl an – was ihn so verdutzte, daß er uns vorbeiließ.

Mein Vater hing auf und ging zurück in seine Sitzung, und wir hörten weiter »Ein Topf voll Gold«. Als die Sendung aus war (natürlich wieder ohne den Tausend-Dollar-Anruf), gingen wir alle zu Bett. Gegen Mitternacht klopfte es an der Haustür. Draußen standen der Erste Pastor, Dr. DeHaan, und einer der Gemeindeältesten. Ich höre sie heute noch, die Stimme

Dr. DeHaans: »Dein Mann bekam auf einmal furchtbare Brustschmerzen, und dann war es vorbei. Wir konnten nichts mehr machen.«

An den Rest dieser Nacht kann ich mich nur noch ganz verschwommen erinnern, bis auf zwei andere Geräusche: Mutters tränenerstickte Stimme, wie sie unsere Verwandten anrief, und das traurige Gurren der Tauben in den Bäumen, gegen drei oder vier Uhr morgens.

ERINNERUNGEN ...

Ich konnte nicht schlafen in jener Nacht. Ich mußte an meinen Vater denken und wie sehr er mich liebte. Wenn ich Ohrenschmerzen hatte, hatte er sich, obwohl er eigentlich Nichtraucher war, immer eine Zigarre gekauft, denn eines der alten Hausmittel gegen Ohrenschmerzen war, daß man dem Patienten Zigarrenrauch in die Ohren blies. Noch heute muß ich, wenn ich einen Mann mit einer Zigarre sehe, an meinen Vater denken, wie er mich auf dem Schoß hielt, seine Zigarre rauchte, bis ihm schlecht wurde, und mir sachte den Rauch ins Ohr blies.

Mit am meisten Spaß hatten wir beim Autofahren. Vater nahm mich oft mit und fragte mich unterwegs Bibelverse ab. Samstagmorgens hielt er in der Kirche eine Bibel-Memory-Stunde, und seine Tochter sollte doch genauso firm in der Bibel werden. Und so sagte ich im Auto meine Bibelstellen auf, komplett mit Kapitel- und Versangaben.

Wenn wir meine Oma besuchten, die gute 30 Kilometer entfernt auf dem Land wohnte, fuhren wir immer auf der Straße mit den vielen Kuppen und Buckeln; es war ein herrliches Gefühl, auf die nächste Kuppe hinauf- und dann wieder hinabzusausen. Mutter konnte dem Spiel nichts abgewinnen, aber Vater ließ mich immer auf dem Boden vor der Rücksitzbank sitzen, wo das Gefühl am tollsten war, und dann gab er Gas, und wir juchzten und lachten zusammen, und auf der Rückfahrt lachten wir wieder, bis wir nicht mehr konnten.

Als ich kürzlich wieder in Michigan war, besuchte ich »meine« Straße wieder. Sie war neugebaut worden, die schöne Berg- und Talbahn war weg. Aber in meiner Erinnerung wird es immer die gute alte Berg- und Talstraße sein. Erinnerungen für ein Leben ...

Diese und andere Szenen zogen durch meinen Kopf, als ich da in meinem Bett lag und weinte und nicht wußte, wie es jetzt weitergehen würde. Am nächsten Morgen brachten sie Vaters Leichnam in die Leichenhalle, und danach kam jemand bei uns vorbei, um seine Kleider abzuliefern. In der Jackentasche waren mehrere Packungen Black Jack — für mich.

SIE LEGTEN PAPA INS SONNENZIMMER

1940, als mein Vater starb, war es Sitte, den zur Beerdigung vorbereiteten Leichnam des Verstorbenen noch einmal nach Hause zu bringen, wo er im offenen Sarg aufgebahrt wurde; Freunde und Verwandte besuchten dann die Trauernden, um mit ihnen zu essen und zu reden und ihnen ihr Beileid auszudrücken.

Meinen Vater bahrten wir im »Sonnenzimmer« auf. Ich weiß noch, wie meine Mutter sagte: »Hier hat Papa immer so gerne gesessen«, und wie ich dachte: *Als ob das jetzt einen Unterschied macht.*

Ich hatte bis dahin noch nie einen Toten gesehen; ich war ja erst zwölf. Ich brachte es nicht fertig, Vater zu berühren oder zu küssen. Ich stand einfach da und schaute diesen kalten, starren Leichnam an. Es war meine erste direkte Begegnung mit dem Tod.

Mutter fand, daß ich für die Beerdigung ein neues Kleid brauchte. Sie kaufte mir eines, das marineblau war. Da ich in der Kirche oft zusammen mit Vater gesungen hatte, bat Mutter mich, die Lieder für die Beerdigung auszusuchen. Ich wählte »Unter Seinen Flügeln« und »Treu in Seiner Liebe«, zwei liebe alte Lieder, die er gerne gemocht hatte. Heute singt man sie nicht mehr so oft, aber wenn ich in einer Kirche bin, die noch die alten Gesangbücher benutzt, höre ich sie manchmal, und dann gehen meine Gedanken über fünfzig Jahre zurück zu meinem Vater.

Auch jetzt, wo ich diese Zeilen schreibe, sind diese Erinnerungsbilder da, Gedächtnissplitter in meinem Herzen. Sie sind nicht quälend, diese Splitter, sondern bittersüß; die Jahre haben sie barmherzig weich gemacht. Ich kann das Bittere an ihnen tragen, weil es von Liebe umhüllt ist — daher der Ausdruck »bittersüß«.

ALPTRAUM

Der frühe Tod meines Vaters war ein schwerer Schlag für unsere Familie, und meine Mutter hatte es in den nächsten Jahren nicht leicht. Mein Leben dagegen ging glatt seinen Gang: Ich schloß Schule und Studium erfolgreich ab, lernte meinen Bill kennen und heiratete ihn. Gegensätze ziehen sich bekanntlich an, und so müssen Bill und ich von Anfang an füreinander bestimmt gewesen sein, denn wir waren — und sind immer noch — *totale* Gegensätze.

Bill hatte als Maschinenbauingenieur sein gutes Auskommen, und Gott segnete uns weiter mit vier Söhnen, einem schönen Haus, einer wachsenden Gemeinde, einem Swimming-pool, zwei Katzen und einem Hund. Die Jahre liefen bis auf den üblichen Alltagsstreß glatt dahin. Doch dann kam ein Abend im Jahre 1966.[1]

An diesem Abend begann unsere Gemeindefreizeit, auf der Bill und ich als Jugendseelsorger mitmachten, und Bill war schon mit den Essensvorräten im Kofferraum vorgefahren. Zwanzig Minuten nach ihm fuhr ich in unserem zweiten Wagen los, komplett mit unseren Kindern.

Als ich die dunkle, kurvenreiche Gebirgsstraße hinauffuhr, sah ich auf einmal im Scheinwerferlicht etwas am Straßenrand liegen. Es war ein Mann, und er war über und über von Blut und Glassplittern bedeckt. Nur an den Kleidern konnte ich erkennen, daß es Bill war. Die Straße war den ganzen Winter über nicht benutzt worden, und offenbar hatten Straßenbauarbeiter irgend etwas liegen gelassen, auf das Bill aufgefahren war.

Ich sprang aus dem Auto, versicherte mich, daß Bill noch lebte, postierte einen der älteren Jungen neben ihm und raste die 15 Kilometer zum nächsten Telefon, um einen Krankenwagen anzurufen. Als der Krankenwagen kam, fuhr ich mit ins Krankenhaus; die Kinder brachte ich bei Freunden aus der Gemeinde unter. Und dann blieb ich die ganze Nacht im Krankenhaus und wartete.

Gegen sechs Uhr morgens fuhr ich allein nach Hause. Das Haus war leer; kein Bill, keine Kinder. Was, wenn er es nicht schaffte? Oder wenn die Kopfverletzungen so schwer waren, daß sein Gehirn nicht mehr funktionierte? Es war alles so glatt und schön gewesen. Und jetzt — Schluß, Ende, vorbei.

Zwei Tage später kam das Verdikt des Neurochirurgen und des Augenarztes: Bill war blind und hatte auf Grund der schweren Gehirnverletzungen ständig Krämpfe. »Nicht rehabilitierbar«, sagten sie – ein Wort, das ich in den nächsten Monaten noch öfter hören sollte. Da Bill Kriegsveteran war, rieten mir die Ärzte, ihn ins Sawtelle Veterans Hospital zu bringen. Als Glied einer normalen Familie leben könne er nie mehr, sagten sie; er könne nur noch vegetieren, aber nicht mehr leben, und auch das höchstens fünf Jahre.

Aber ein Bett im Sawtelle Hospital war erst in mehreren Monaten zu bekommen, und so holten wir Bill nach einigen Wochen nach Hause, um ihn dort zu pflegen. Er war blind. Er kannte uns nicht, sein Gedächtnis war weg. Ich fand jemanden, der bei ihm blieb, während ich all die nötigen Behördengänge machte: Sozialamt, Militärinvalidenrente, Behindertenausweis, Blindenhilfe. Ich besorgte ihm sogar einen Blindenstock und einen Stapel Schallplatten.

Es waren lange, elende Tage. Viele Menschen beteten für uns, aber ich hatte viele schlaflose Sorgennächte. Wie sollte ich das schaffen – vier Söhne erziehen und meinen Mann pflegen? Er war so stark gewesen, so zuverlässig, so perfektionistisch – und jetzt das!

Und dann, nachdem ich alle Behördentüren eingerannt hatte und genug Geld ins Haus kam, heilte Gott ihn! Er bekam sein Augenlicht zurück, und sein Gehirn wurde wieder wach. Er erkannte uns wieder, und mit etwas psychotherapeutischer Hilfe bekam er einen Großteil seines Gedächtnisses zurück.

FEUER!

Auch wenn es Bill langsam besser ging, mußte doch immer jemand bei ihm sein, damit nichts passierte. Dies wurde mir lebhaft bewußt, als ich eines Tages auf ein paar Minuten in den nahegelegenen Supermarkt fuhr und dachte, ich könnte Bill so lange allein lassen. Was ich noch nicht wußte, war, daß sein Unfall seinen Geruchssinn zerstört hatte. Als ich zurück kam, sah ich, daß Flammen aus dem Dach unseres Hauses schlugen! Ich sauste hinein. Bill lag seelenruhig in seinem Bett.

»Ich muß die Feuerwehr anrufen!« schrie ich. »Das Haus brennt!«

»Was?« sagte Bill. »Ich riech' doch gar keinen Rauch ...«

Die Feuerwehr war in ein paar Minuten da und konnte das Dach löschen. Offenbar hatte ein Vogel irgendwo eine noch brennende Zigarette aufgehoben und sie unter einer unserer Holzschindeln abgelegt; bis ich vom Supermarkt zurückkam, hatte das Dach schon in hellen Flammen gestanden.

Ich sah Bill an, wie er da in seinem Stützkorsett lag und nichts sehen und riechen konnte, und dachte zurück an die Zeit, wo er noch gesund gewesen war. Er war im Zweiten Weltkrieg Pilot gewesen und sah gerne die alten Kriegsfilme, und dazu aß er sein geliebtes Popcorn. Eines Tages kaufte er eine riesige Keramikschüssel, die gut und gerne zur Kinderbadewanne getaugt hätte. Freitagabends machte er dann selber unser Popcorn und füllte die Schüssel bis zum Rand, und dann saßen wir alle vor dem Fernseher, schauten und mampften.

Solche und andere Erinnerungen halfen mir sehr, die ersten bitteren Jahre nach Bills Unfall durchzustehen. Ich kann mich ehrlich nicht erinnern, mich in dieser Zeit viel gegrämt zu haben. Es gab natürlich jede Menge Angst, Frust und Streß, aber zum Sichgrämen und Nachtrauern hatte ich einfach keine Zeit. Ich betete hartnäckig, daß Bill doch irgendwie wieder gesund werden möge, auch wenn die Spezialisten ihn »nicht rehabilitierbar« nannten.

Sie können sich unsere Freude vorstellen, als Gott vor unseren Augen Wunder tat. Bills Sehvermögen kam zurück, und er konnte sogar wieder zurück in seinen Beruf. Unser Familienschiff war in einem Hurrikan gekentert, aber Gott hatte es wieder aufgerichtet. Ein wenig sonderbar war Bill zwar immer noch, aber das machte mir nichts. Immerhin ist er ein Einzelkind, und Einzelkinder sind sowieso etwas Besonderes!

UND DAS WAR ERST DER ANFANG

Es sollte sich zeigen, daß die Sache mit Bill nur ein Vorgeschmack war. In den nächsten fünf Jahren sollte ich zwei meiner Söhne verlieren — den einen im Vietnamkrieg, den anderen durch einen Autounfall. Zwei ganz verschiedene Tode — und doch irgendwie gleich.

Während seines letzten Jahres auf der High School wurde unserer siebzehnjähriger Steve zunehmend ruhelos. Er war Christ, aber ließ sich mit Freunden ein, die mit Alkohol und Drogen experimentierten. Im Herbst des Jahres 1967 beredete er Bill und mich, ihn zu den Marinesoldaten gehen zu lassen; einige seiner Freunde waren schon dort. Wir waren nicht begeistert von seinen Plänen, aber wenn man den Zeitungen glauben konnte, war der Vietnamkonflikt am abflauen, und sobald Steve 18 war — im Dezember —, konnte er auch ohne unsere Unterschrift zu den Marines gehen. Also gut; im Oktober unterschrieb ich die Papiere, und Steve wurde ein US-Marinesoldat.

Er begann seine Ausbildung, und schon nach wenigen Wochen verflog seine Abenteuerromantik. Die Marines, so schrieb er uns in seinen Briefen, waren doch nicht so toll, wie er gedacht hatte ...

Ein paar Wochen nach dem Weihnachtsfest eskalierte der Vietnamkrieg zu neuen Dimensionen. Nie werde ich den Tag vergessen, wo Steve, den Seesack über seiner Schulter, sich ein letztes Mal zu mir umdrehte und mir zuwinkte, bevor er hinter dem großen Tor des Pendleton Camp verschwand, um nach Vietnam zu fahren.

Es war der St.-Patrick-Tag, der 17. März 1968, und es war das letzte Mal, daß ich ihn lebend sah. Fünf Monate später mußte ich seinen aufgedunsenen Leichnam identifizieren, der zwei Tage lang mit dem Gesicht nach unten in einem Reisfeld gelegen hatte, bevor man ihn fand, und als ich die Leichenhalle wieder verließ, wußte ich: Dies war kein böser Traum, dies war die Wirklichkeit. Meine Trauer war überwältigend. Aber in den folgenden Wochen und Monaten konnte ich das, was geschehen war, akzeptieren — durch die bittersüßen Erinnerungen an all das Schöne, das wir mit Steve gehabt hatten. Diese Erinnerungen halfen mir durch die erste Phase meiner Trauerarbeit hindurch.

LEICHENWAGEN ZU VERKAUFEN

Steve und ich hatten immer etwas zu lachen — vielleicht, weil wir den gleichen etwas bizarren Sinn für Humor hatten. Einmal kamen wir, als wir von der Kirche nach Hause fuhren, an einem Gebrauchtwagenverkauf vorbei, wo ein großer schwarzer Cadillac-Leichenwagen für lumpige 350 Dollar zu haben war. »Mensch!« rief Steve, »das wär' was für mich!«

Er hatte erst seit kurzem seinen Führerschein und rechnete sicher nicht im Schlaf damit, daß ich auf seinen plötzlichen Anfall eingehen würde. Wir hielten an und sprachen mit dem Verkäufer. Der Wagen stammte aus Minnesota und war innen mit weinrotem Samt ausgekleidet. Hinten gab es sogar ein kleines Fach mit einer Schaufel *und* einem Spaten!

Steve war halb verrückt auf den Wagen, das war klar. Bill war schon mit den anderen Jungen nach Hause gefahren, und so machte ich kurzerhand den Finanzminister, schrieb einen Scheck über 350 Dollar und kaufte den Leichenwagen. Steve war außer sich vor Glück, als er ihn nach Hause fuhr.

Bill war auch außer sich — allerdings nicht vor Glück. Es brauchte meine ganze weibliche Überredungskunst, daß Steve den Wagen behalten durfte. Leisten konnten wir ihn uns eigentlich nicht, Bill war noch dabei, sich von seinem Unfall zu erholen. Aber was tut man nicht alles für seine Kinder ...

Steves Freunde waren begeistert. Alle wollten sie in dem Wagen sitzen, ihn selber fahren, Schaufel und Spaten ausprobieren. Der Wagen soff Benzin wie ein Elefant Wasser, aber Steve, nicht faul, vermietete ihn gegen harte Dollars an ein paar seiner Kumpel, die ihn am Halloween-Abend (31. Oktober) schön gruselig ausstaffiert durch die Stadt fuhren. Ich habe noch die Fotos — und andere, die Steve und seine Freunde zeigen, wie sie mit dem Leichenwagen zum Strand fahren, komplett mit Surfbrettern, die zum Heck herausgucken!

Solche und andere bittersüße Erinnerungen halfen mir viel, über Steves Tod hinwegzukommen. Wir setzten uns auch, über die in den Zeitungen erscheinenden Gefallenen-Listen, mit anderen Familien in Verbindung, die Söhne in Vietnam verloren hatten, und begannen, unsere Hoffnung und unseren Glauben mit ihnen zu teilen.

Ich begann Licht am Ende des Tunnels zu sehen. Sicher war es jetzt endlich genug des Leidens in unserer Familie? Bill war wider alle ärztliche Erwartung wieder gesund geworden. Sein Gedächtnis war zwar nicht mehr ganz das Wahre (er konnte sich alte Wildwestfilme wieder und wieder ansehen, ohne zu merken, daß er sie ja längst kannte), aber er konnte wieder arbeiten und normal durch den Alltag kommen. Steve war sozusagen unsere Vorhut im Himmel. Sicher konnte das Leben jetzt weitergehen?

Aber, wie es in einem Sprichwort heißt: »Wer der Zukunft traut, hat auf Sand gebaut.« Was als nächstes passierte, war unglaublich, ja undenkbar. Unser Tim wurde uns genommen.

ROSA HUMOR

Ironischerweise ist auch Tim in unseren Erinnerungen mit einem Leichenwagen verbunden — nicht mit dem, den ich für Steve kaufte, sondern mit einem rosafarbenen, den er für seinen Arbeitgeber, einen Bestattungsunternehmer, fuhr. Tim, unser Ältester, war ernster als der Rest der Familie. Humor — das hieß für ihn, Schleifen von den Kränzen nach Hause zu bringen und unserem Hund oder der Katze umzubinden: »RUHE IN FRIEDEN« oder »FÜR UNSEREN LIEBEN OPA«.

Als ich kürzlich im Nordwesten der USA ein Seminar hielt und dabei Tims Schleifenstreiche erwähnte, kam hinterher eine liebe schwerhörige alte Dame zu mir und drückte ihre Besorgnis darüber aus, daß unser Sohn »Leichen« vom Friedhof mit nach Hause brachte. Ich hatte alle Mühe, ihr zu erklären, daß es nur »Schleifen« waren, was doch wohl nicht ganz so schlimm sei.

Manchmal machte Tim bei uns seine Mittagspause, wozu er natürlich den rosa Leichenwagen, mit Sarg und allem, in unserer Einfahrt parkte. Eines Tages nahm er seinen kleinen Bruder Barney mit in die Leichenhalle, vergewisserte sich, daß niemand in der Nähe war, und ließ Barney in einem der Aufbahrungsräume in einen leeren Sarg klettern — nur so, zum Ausprobieren. Dann klappte er den Deckel zu, amüsierte sich köstlich und ließ nach ein paar Sekunden seinen laut schreienden Bruder wieder frei. Am nächsten Tag erzählte Barney sein Abenteuer prompt in der Schule, worauf seine Lehrerin mich anrief und mir sagte: »Mrs. Johnson, ich sage Ihnen das sehr ungern, aber Ihr Barney fängt an zu lügen. Heute ist er mit einer Geschichte gekommen, die einfach nicht wahr sein kann!«

Und sie erzählte mir von Barneys Sargabenteuer. Ich tat mein Bestes, ihr zu versichern, daß der Junge keineswegs log und daß sein ältester Bruder halt einen besonderen Sinn für Humor hatte. Ganz überzeugt habe ich sie wohl nicht.

Tim war vielleicht nicht der witzige Typ, aber er war groß und hübsch, und die jungen Damen flogen auf ihn. Er hatte immer mehrere Freundinnen, die dann gern unseren Swimmingpool benutzten. Eines meiner Erinnerungsbilder ist ein riesiger Reifenschlauch, der in dem Becken treibt, mit Tim und seiner Freundin drinnen. Der Schlauch war so groß, daß man aus der Ferne nicht sehen konnte, wer darin saß. Ich ging also hin und wieder zu dem Becken, um meinen mütterlichen Sicherheitscheck zu machen.

DER LETZTE ANRUF

Meine bittersüßeste Erinnerung an Tim ist das letzte Gespräch mit ihm — an dem Tag, an dem er starb. Er rief von Whitehorse (Yukon Territory, Alaska) aus an, um mir zu sagen, daß er und sein Freund Ron sich jetzt auf den Heimweg machten. Sie hatten den Sommer über in einer Gemeinde gearbeitet, die sie beide sehr mochten. Tims Stimme war ganz anders als sonst: nicht ruhig und nüchtern, sondern schier übersprudelnd. »Mutter«, sagte er, »ich fühle mich wie neugeboren! Ich kann dir jetzt nicht alles sagen, aber du wirst Augen machen, wenn du hörst, was Gott bei mir getan hat! Bis in fünf Tagen dann!«

Es sollte nicht sein. Ein paar Stunden später — wir aßen zu Abend und unterhielten uns über Tims Anruf — klingelte wieder das Telefon. Ein kanadischer Polizeibeamter eröffnete mir, daß Tim und sein Freund tot waren. Ein Drei-Tonnen-Laster mit einem betrunkenen Fahrer am Steuer war von der Fahrbahn abgekommen und frontal in ihren kleinen VW-Käfer gerast.

Die erst halb verheilten Trauerwunden, die Steves Tod fünf Jahre zuvor gerissen hatte, rissen wieder auf, tiefer als je zuvor. Ich hatte mir eingebildet, daß ich Steves Tod akzeptiert hatte. Er war unser Angeld im Himmel. Warum brauchte Gott noch eines?

Zehn Tage später fuhr ich zum zweiten Mal in meinem Leben zum Leichenhaus, um meinen toten Sohn zu identifizieren. Die Fahrt war ebenso unwirklich wie die erste. Der Bestattungsunternehmer hatte am Telefon gesagt: »Mrs. Johnson, dies ist das erste Mal, daß ich *die gleiche Familie* zweimal anrufen muß, aber Sie müssen kommen und Tims Leiche identifizieren, er ist ja im Ausland ums Leben gekommen.«

Da Bill immer noch sehr ans Haus gebunden war, fuhr ich allein zum Leichenhaus. Es war auf den Tag fünf Jahre her, daß ich Steve identifiziert hatte – und auch er war im Ausland ums Leben gekommen. Es war ein heißer Augusttag, genau wie damals, und ich fuhr sogar in demselben Auto. Mein zweiter Junge im Sarg – es konnte, es durfte nicht sein! *Gott, hilf, daß das nur ein böser Traum ist ...*

Der Gedenkgottesdienst für Tim und Ron brachte reiche Früchte hervor; mehrere von Tims Freunden und Mitstudenten fanden zu Gott. Mehrere christliche Zeitschriften brachten die Geschichte, unter Überschriften wie »IHR TOD WAR ERST DER ANFANG«.

Ich war dankbar für all das Gute, das aus diesem Unglück kam; aber meinen Schmerz wegnehmen konnte das nicht. Ich hatte gedacht, durch Steves Tod einiges über das Trauern gelernt zu haben, aber Tims Tod zeigte mir, daß die Trauer ein harter Lehrer ist. Man muß ganz allein durch ihre Schule, es gibt keine Vorbereitungskurse, keine schlauen Bücher oder Filme. Man ist sein eigener Film, der unerbittlich langsam über den Bildschirm rollt, muß sich durchtasten durch seine Rolle in der Tragödie. Es gibt Stunden, da wünscht man sich, ein Videorecorder zu sein und einfach auf »schnellen Vorlauf« schalten zu können, um die schmerzlichen Szenen zu überspringen.

WIR TRAUERN ALLE ANDERS

Ich habe durch den Tod meiner beiden Söhne einiges über das Trauern gelernt. Ich habe es nicht systematisch gelernt, sondern durch Versuch und Irrtum – vor allem Irrtum, weil meine Augen blind waren von all den Tränen.

Jeder Trauernde muß durch ganz bestimmte Phasen der Trauer hindurch – aber wie und wie schnell er dies tut, das ist bei jedem anders.

Wenn ein lieber Angehöriger stirbt, gehört zur ersten Trauerphase eine gehörige Portion SCHOCK – besonders, wenn der Tod plötzlich und unerwartet kam. Steve war immerhin in einem Krieg gewesen; wir hatten gewußt, daß er jederzeit sterben konnte. Als der Anruf kam, daß Tim tot war, war der Schock viel stärker: Tim starb durch einen Autounfall, nur

Stunden, nachdem er uns gesagt hatte, daß er auf der Heimfahrt war.

Ich weiß noch, wie ich nach dem Anruf schrie: »Das kann doch nicht sein! Ich hab doch vorhin mit ihm gesprochen! ... Er war doch auf dem Heimweg!« Ich konnte nicht glauben, daß Tim nicht mehr war, daß ein betrunkener Autofahrer ihn zerquetscht hatte. Das mußte ein böser Traum sein!

Schock ist ein Puffer, den Gott uns gibt, um unseren Zusammenstoß mit dem Schrecklichen abzufedern. Der anfängliche Schock gibt uns die nötige Zeit, uns innerlich auf das, was da geschehen ist, einzustellen.

NACH DEM SCHOCK DER SCHMERZ

Was eine Operation für den Körper, das ist Trauer für die Seele. Ist der Narkoseeffekt des Schocks vorüber, kann der SCHMERZ furchtbar sein. Wie lange der Schmerz andauert, variiert von Mensch zu Mensch; eine feste Grenze gibt es nicht. Und der Trauernde tut gut daran, folgendes zu begreifen:

LEID KANN MAN NICHT CHEMISCH REINIGEN; MAN MUSS ES DURCH TRÄNEN WEGSPÜLEN.

In unserer Seelsorgearbeit »Spatula Ministries« haben wir es meist mit trauernden Müttern zu tun, aber manchmal auch mit Vätern. Es ist gut, daß unsere Gesellschaft allmählich nicht mehr darauf beharrt, daß ein Mann nie weinen darf. Eine Freundin von mir erzählte mir folgende Geschichte über ihren Sohn — einen gestandenen verheirateten Mann und Vater dreier Kinder. Als er im Radio hörte, daß Präsident J. F. Kennedy erschossen worden war, fuhr er zu seiner Mutter, stürzte zur Tür herein, vergrub seinen Kopf an ihrer Schulter und weinte wie ein Kind. Für diesen Mann bedeutete zur Mutter gehen und bei ihr weinen Geborgenheit und Wärme — eben das, was Kinder bei ihrer Mutter suchen. Er wollte offen weinen können, um so seinen Schmerz und Schock hinauslassen zu können, und wo anders konnte er das als *zu Hause*, wo Tränen akzeptiert und verstanden wurden?

Wenn Sie trauern, werden Sie vielleicht am meisten Hilfe von Menschen bekommen, die selber weinen können. Tränen — das ist der kleinste gemeinsame Nenner der Menschen. Wie Helmuth Pleaser es ausgedrückt hat: »Stärker als jeder andere Gefühlsausdruck ergreift uns das Weinen unseres Mitmenschen. Es macht uns – oft ohne daß wir wissen, warum – zu Partnern seines Augenblicks.«

Gott, der in unsere Herzen sieht, versteht die Sprache der Tränen. In den Psalmen finden wir viele kostbare Verse über das Weinen, so etwa in Psalm 56,8: »Sammle meine Tränen in deinen Krug; ohne Zweifel, du zählst sie.« Es ist, als ob der Psalmist weiß, daß Gott seine Tränen kostbar sind – er wird sie aufbewahren, er wird sie ehren, er wird sie endlich trocknen.

WIR DÜRFEN TRAUERN

Manche Christen machen den Fehler, zu denken, es sei »kein gutes Zeugnis für den Herrn«, seine Trauer zu zeigen. Sie könnten die Wände hochgehen vor Schmerz, sie sind am Boden zerstört – und haben ein schlechtes Gewissen dabei, denn ein rechter Christ darf das doch nicht ... Ich kann nur jenem Autor zustimmen, der schrieb: »Trauern ist kein Zeichen der Schwäche, sondern ein Tribut an den geliebten Menschen, den wir verloren haben, und eine gesunde Reaktion auf unser Herzeleid. Dem Trauern ausweichen bedeutet, die Heilung aufzuschieben. Sich am Trauern festhalten verlängert unnötig den Schmerz. Keine dieser Reaktionen hilft uns, wieder heil zu werden.«[2]

Fürwahr ein guter Rat. Aber für gewisse wohlmeinende Christen ist es eben nicht recht, zu trauern. Nach Tims Tod besuchten uns viele Leute und sagten alle möglichen Sprüche auf, zum Beispiel: »Wie wunderbar, daß Tim jetzt beim Herrn ist«, oder sogar: »Wie gut, daß ihr immer noch zwei Söhne habt.« Diese sicher gutgemeinten Sätze trösteten mich überhaupt nicht, im Gegenteil, sie gossen noch Salz in meine Wunden. Natürlich wußte ich, daß Tim jetzt im Himmel war und daß das wunderbar war, aber ich hätte ihn lieber noch hier auf der Erde gehabt, bei mir, seiner Mutter, die ihn geboren und aufgezogen hatte und liebte. Und schön, daß ich immer noch zwei Söhne hatte – aber warum hatte Gott mir Tim genommen? Was mochte er noch alles im Schilde führen? Würde er womöglich auch noch Larry oder Barney haben wollen? Aber es hätte keinen Zweck gehabt, dies meinen Freunden zu sagen; sie hätten es nicht verstanden.

DER ZORN DER TRAUER

Kürzlich bekam ich einen Brief von einer Mutter, deren einziger Sohn, Jeff, vor über vier Jahren bei einem Unfall ums Leben gekommen war. Sie hatte gehört, daß ich wieder an einem Buch schrieb. Sie schrieb mir:

> Könnten Sie bitte in Ihrem neuen Buch den Menschen helfen, die ein Kind verloren haben? Wir brauchen Hilfe, immer noch. Den einen Tag schafft man es, den nächsten nicht. Könnten Sie uns bitte sagen, wie Sie und Ihr Mann mit dem Tod Ihrer beiden Söhne fertig geworden sind? Sind Sie auch manchmal wütend auf Gott? Nerven die Leute Sie, würden Sie sie manchmal am liebsten in den Hintern treten? Ich werde wütend, wenn ich andere Familien sehe, wo noch keiner gestorben ist. Ich will glauben und habe doch Zweifel. Manchmal ist es so schwer, Gott zu lieben. Es heißt, Arbeiten sei die beste Medizin, aber manchmal muß man eine Pause machen, und dann kommen wieder die Tränen. Ich habe einen lieben Mann und zwei prächtige Töchter. Ich möchte ihnen helfen und weiß nicht, wie.

Eine dritte ganz natürliche Reaktion auf den Tod eines geliebten Menschen ist WUT — vor allem dort, wo der Tod aus heiterem Himmel und scheinbar völlig sinnlos kam. Als mein erster Schock über Tims Tod dem Schmerz Platz machte, kam sofort auch die Wut. Weil meine »Schönwetter-Christen«-Freunde mich nicht verstanden, fuhr ich oft spät abends zu einem Müllplatz, um mich dort allein meiner Trauer hinzugeben, ohne all die frommen Sprüche hören zu müssen. Inzwischen ist dieser Müllplatz aus Sicherheitsgründen eingezäunt und das Parken dort abends verboten, aber 1973 war er Tag und Nacht offen, und ich fuhr also hin und weinte mich aus. Manchmal schrie ich richtig meine Not in die Nacht hinaus. Ich sagte Gott, wie wütend ich auf die frommen Hornochsen war, die es so toll fanden, daß Tim im Himmel war. Ich sagte ihm, was ich davon hielt, daß er mir Tim genommen hatte: »Warum, Gott? Tim war so kostbar, so lieb, und er hatte gerade seinen Glauben an dich neu festgemacht! Was hast du davon, daß er jetzt *tot ist?*«

Wenn ich das heute erzähle, fühlen sich viele Eltern geradezu erleichtert, daß da jemand zugibt, daß er *wütend auf Gott* war. Ich sage ihnen dann, daß es völlig in Ordnung ist, solche Gefühle auszudrücken; jawohl, wir dürfen auf Gott wütend sein! Wenn wir in unserem namenlosen Elend die Fäuste zu ihm emporrecken und ihn anschreien, sagt er nicht:»Ab in die Hölle mit dir!«, sondern er liebt uns, trägt uns, hüllt uns ein in die Decke seiner Barmherzigkeit, noch während wir schreien, zischen, fuchteln und treten.

Gott hat uns ja als fühlende Wesen geschaffen. Unsere Gefühle gehören zu unserem Leben, sie sind normal. Wut, auch auf Gott, ja sogar der Wunsch, jemanden (womöglich sich selber!) am liebsten umzubringen — dies alles sind durchaus normale Gefühlsäußerungen und nicht ein sicheres Zeichen dafür, daß wir »unchristlich« sind. Die Bibel sagt uns zwar, daß wir nicht schnell zornig werden sollen und daß man im Zorn nicht tut, was recht vor Gott ist (Jakobus 1, 19-20), aber damit ist wohl mehr die Art Wut gemeint, die aus Stolz, Bitterkeit und Nachtragen entspringt.

Wut, die aus Schmerz und Trauer kommt, ist eine normale Reaktion auf tiefe innere Wunden, die gleich weh tun, ob man Christ ist oder nicht. Ein Bein amputiert zu bekommen, tut weh, egal, wie man vor Gott steht. Bitte begreifen wir: Schmerz und Trauer sind normal, aber *wir dürfen sie nicht in uns einschließen.* Wir müssen unsere Gefühle nach außen lassen; erst dann kann die Heilung beginnen.

OFFENHEIT BRINGT HEILUNG,
VERDRÄNGEN MACHT KRANK.

Wir alle erfahren ein ganzes Kaleidoskop von Gefühlen, und alle diese Gefühle — auch der Zorn — sind nützlich, *wenn wir sie gesund ausdrücken.* Wir können es lernen, unsere Wut so hinauszulassen, daß sie weggeht und wir die Scherben unseres Lebens wieder aufsammeln können. Und es ist besser, ich reagiere meine Wut an Gott ab als an meinen Verwandten und Freunden. Gott verträgt alles, was wir ihm entgegenschleudern — unsere Mitmenschen nicht.

Also: Lassen Sie Ihren aufgestauten Zorn ab! Gehen Sie in

Ihr Zimmer, schlagen Sie auf Ihr Kissen und *lassen Sie Dampf ab,* wie ein Überdruckventil. Vielleicht wollen Sie auch hemmungslos weinen (darüber gleich mehr in Kapitel 3). Sie werden feststellen: Wenn Sie Ihre Wut hinauslassen, verdünnen Sie sie, und schließlich ist sie nicht mehr da. Machen Sie Ihrem Herzen buchstäblich Luft, lassen Sie Ihren Gefühlseiter abfließen, und der lange Prozeß der Heilung kann beginnen. Ersetzen Sie nach und nach die Wut und den Zorn durch Barmherzigkeit und Vergebung, und Sie werden heil.

Der Schlüssel heißt: *Hinaus mit dem Schmerz.* Ich mag die »Kollermatte«, die Sie auf Seite 49 finden und die ich, komplett mit Gebrauchsanweisung, in einem meiner Rundbriefe gebracht habe. Ein Gag, natürlich, aber er enthält einen tiefen Wahrheitskern. Wir *müssen* unseren Schmerz ablassen! Geht es Ihnen trotzdem nicht besser, kann es sein, daß Sie einen Seelsorger oder Therapeuten brauchen. Mir ging es ähnlich; darüber mehr im folgenden Kapitel.

TRAUER HÖRT AUCH WIEDER AUF

Irgendwann werden auch Sie in die HEILUNGsphase eintreten. Die selber zweimal verwitwete Ida Fisher, Mitautorin eines Ratgebers für Witwen, sagt, daß für die innere Heilung nach dem Verlust eines lieben Menschen drei Dinge wesentlich sind: TRÄNEN, REDEN UND ZEIT.[3]

Am Ende des Heilungsprozesses bleibt als einzige Erinnerung an das Geschehene eine seelische Narbe zurück. Auf die Nacht des Trauerns folgt die Morgenröte der Hoffnung. Sie können wieder über den Menschen, der von Ihnen gegangen ist, reden; Sie können sich den Erinnerungen an ihn hingeben, ohne daß sie Ihre Seele zerreißen. Die bittersüßen Erinnerungen fühlen sich nicht mehr wie eingewachsene Geschoßsplitter an, sondern sind von Liebe umspült. Und bald werden Sie fähig sein, selber anderen Trauernden heilend zu begegnen.

Nach Steves Tod fingen wir an, anderen Eltern zu helfen, die ebenfalls Söhne in Vietnam verloren hatten. Und als Tim starb, waren wir bald mit Eltern in Kontakt, die Kinder durch Autounfälle und ähnliche Schicksalsschläge verloren hatten. Meine Trauer hatte mich verändert, aber nicht zerstört. Gott hatte mich sicher durch den dunklen Tunnel gebracht. Er war, wie

Koller-Matte

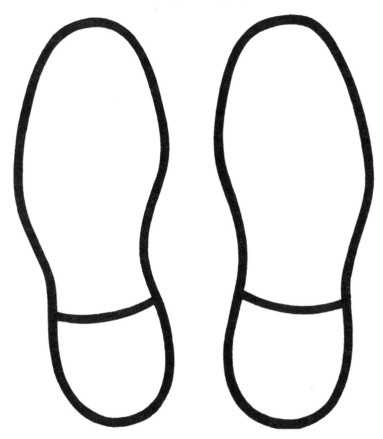

Gebrauchsanleitung:
Wenn Sie merken, daß ein Koller kommt, beide Füße
auf die markierten Flächen setzen und in raschem Takt
auf- und abhüpfen. Bei Bedarf tüchtig schreien. Wenn
die Symptome nicht weggehen, suchen Sie den nächsten
Psychiater auf — möglicherweise sind Sie wirklich verrückt.

der Psalmist es ausdrückt, »mein Schirm«, der »mich vor Angst behütete« in den Stürmen meines Lebens (Psalm 32,7).

Ich erkläre trauernden Eltern, daß die Heilung dann beginnt, wenn man eines Morgens aufsteht und nicht mehr am liebsten sofort zurück ins Bett kriechen und nichts sehen und hören möchte. Wir hören wieder das Singen der Vögel, wir sehen wieder den Sonnenschein, wir stellen fest, daß Gott uns durchgetragen hat. Wir haben es geschafft, das Leben kann wieder beginnen. Nach Tims Tod konnte ich viele Vorträge vor Eltern halten. Ich sagte ihnen, daß der Tod zweier Söhne mir unglaublich wehgetan hatte, aber daß der Schmerz am Abebben war und daß ich Gottes tröstende Arme um mich spürte und allmählich ein Ja dazu hatte, *zwei* Angelder im Himmel zu haben.

Nachdem ich zweimal die Stadien des Schocks, des Schmerzes, der Wut und der Heilung durchgemacht hatte, hatte ich einige wichtige Lektionen aus der Schule des Trauerns gelernt. Wir dürfen uns nicht zu sehr an das klammern, was wir haben, denn wir haben es nicht für immer. Selbst unsere Kinder sind nur eine Leihgabe, kein »Besitz«. Gott kann die Blumen für seinen Garten pflücken, wo und wann er will; wir sind nur Untergärtner und Verwalter. Was wir auch haben, es ist nur geliehen — dieses Wissen kann unseren Blick schärfen.

Aber ich hatte noch lange nicht ausgelernt. Es ist eine Spezialität des Lebens, immer härtere Schläge auszuteilen. So auch bei mir. Eine sehr wichtige Lektion lag noch vor mir.

VERMISCHTES

Du bist Sein Juwel — geläutert, funkelnd, glitzernd.
Du hast die widrigen Winde überlebt ...
Du hast GESIEGT!
Du hast ÜBERWUNDEN!
DU HAST DIE PRÜFUNG BESTANDEN!

(Verfasser unbekannt)

* * * * * *

AN ALLE ELTERN

»Hier ist ein kleines Kind von mir, ich leih's euch aus«, sprach
    Gott,
»zu lieben es, solang' es lebt, zu beweinen, wenn es tot.
Seid ihr bereit, für zwanzig Jahr', oder zwei oder acht,
bis ich es wieder zu mir nehm', zu haben auf es acht?
Es bringt euch Sonnenschein ins Herz und Freude, die
    besteht,
und tröstende Erinnerung, falls es bald wieder geht.
Daß es lang bleibt, versprech' ich nicht, zu mir alles wieder-
    kehrt.
Doch möcht ich, daß es Dinge lernt, die es nur lehrt die Erd'.
Die weite Welt hab ich durchsucht, Luft, Wasser, Erd' und
    Wind,
bis ich dann euch gefunden hab, als Lehrer für mein Kind.
Wollt ihr ihm geben eure Lieb und mir nicht böse sein,
wenn ich dann heim hol eines Tags dies liebe Kind, das mein?«
Drauf sagten sie — ich hört' es wohl —: »Ja, Herr, Dein Will
    gescheh!
Gern nehmen wir dies Kind von Dir, in Freude und in Weh.
Wir wollen liebend schirmen es als unsern Edelstein,
und für das Glück, das es uns bringt, Dir ewig dankbar sein.
Und kommt der Engel, der es holt, viel eher als wir dacht',
so halten wir uns fest an Dir in bittrer Leidensnacht.«

(Edgar A. Guest)[4]

* * * * * *

Sorgen und Nöte sind kein Zeichen von Schwäche, Dummheit
oder Minderwertigkeit. Sie gehören zum Leben; sie sind der
Beweis, daß wir Menschen sind.

(Ann Landers)[5]

* * * * * *

Ich will ihr das Unglückstal zu einer Tür der Hoffnung machen
(Hosea 2, 17, nach Schlachter).

KAPITEL 3

WARUM ICH NICHT ALLES VERSTEHEN MUSS

Ist dies wirklich mein Leben,
oder ist das ein Irrtum?

(Ashleigh Brilliant)[1]

So schwer es war, zwei Söhne zu verlieren — ihr Tod war etwas
Endgültiges, und diese Endgültigkeit wurde mein Verbündeter
in meiner Trauer. Aber es dauerte seine Zeit, bis ich diesen
Punkt erreichte. Wochenlang klangen all die »Warum?«-Fra-
gen durch meine Seele, vor allem nach Tims Tod. Dieses
»Warum?« ist ein natürlicher Teil des Trauerprozesses. Lesen
Sie diesen Brief, den ein Vater an Gott schrieb, nachdem er
erfahren hatte, daß sein Sohn blind geboren war:

> Gott, Du bist so weit weg. Mir ist eigentlich gar nicht nach
> Beten zumute. Oder habe ich vielleicht nur Angst vor meinen
> eigenen Worten? Mein ganzes Leben lang habe ich beim Beten
> sorgfältig auf meine Worte geachtet. Ich wollte Eindruck
> machen bei Dir, Dir zeigen, was für ein ehrlicher, guter Kerl
> ich bin. Aber heute? Heute bin ich wütend auf Dich, wie noch
> nie. Du weißt doch, wie sehr ich mir ein Kind wünschte. Ich
> habe Dich gebeten, es gesund zur Welt kommen zu lassen.
> Und jetzt — ist der Junge blind. BLIND! Wie soll ich noch glau-
> ben können, daß Du ein Gott der Liebe bist? Und mein Nach-
> bar, dieser knallharte Atheist, hat vier gesunde Kinder. Gott,
> das ist nicht fair von Dir!

Es ist wichtig, daß wir Gott unseren Zorn geben. Hiob ließ seiner verzweifelten Wut freien Lauf — und Gott verstand ihn.
Die Bibel sagt uns, daß wir ruhig trauern dürfen und sollen,
wenn auch nicht wie die, die keine Hoffnung haben. Ja, wir
geben Gott die Schuld an manchen unserer Schicksalsschläge,
und wir dürfen ihm das offen sagen, ohne falsche Schuldgefühle. Und wenn unsere Wut sich dann abkühlt, lernen wir eine

wertvolle Lektion: daß es ein Lügenmärchen ist, daß einem Christen »nichts passieren kann«. Der Glaube an Gott ist keine Unfallversicherung, die uns vor allen Widrigkeiten des Lebens schützt! Wie leicht vergessen wir, daß wir nun einmal in einer unheilen Welt leben, in einer Welt zerbrochener Herzen und zerplatzter Träume. Christen sind nicht immun gegen Leid!

Es gibt Dinge, die wir nie verstehen werden, Verluste, die einfach keinen Sinn machen wollen. Aber wenn Gottes Zeit da ist, dann werden wir sehen, daß Römer 8,28 tatsächlich wahr ist. Doch: Denen, die Gott lieben, müssen *alle* Dinge zum Besten dienen.

Trotz aller biblischen Richtlinien und weisen Freunde und Ratgeber finden wir nicht immer eine Antwort auf unser »Warum?«. Manche von uns sterben, ohne die Antwort gefunden zu haben. Geben wir uns damit zufrieden, daß »was verborgen ist, ist des Herrn, unseres Gottes« (5. Mose 29,28).

GOTT STOLPERT NICHT

Wir werden vielleicht nie die Antworten auf die Rätselfragen unseres Lebens erfahren – na und? Hören wir auf zu beten, weil Gott unsere Gebete nicht so beantwortet hat, wie wir das wollten? Wir hatten Gott gebeten, unseren Tim gesund von Alaska nach Hause zu bringen. Ein paar Stunden nach unserem Gebet war er tot. Spornte uns das an, noch mehr zu beten? Nein. Dachten wir: *Das bringt doch alles nichts?* Natürlich. Unser Gebet hatte doch nichts genützt, oder? Waren wir wütend auf Gott? O ja! Das war doch alles grausam, das war nicht fair!

Aber tief unter all diesen Gefühlen lag unser fester Glaube, daß Gott keine Fehler macht, daß er nie »Hoppla!« sagen muß. Nein, nicht so, daß Gott den betrunkenen Lastwagenfahrer auf die Gegenfahrbahn gelenkt hatte. Aber trotz all unserer Fragen und bitteren Trauer wußten wir, daß uns nichts geschehen kann, das nicht an Gott vorbei muß. Gott liebte uns nach wie vor, er war da für uns in unserer Trauer, in unserem Schmerz – und in unserer Wut.

Gott nahm Tim zu einem Zeitpunkt zu sich, wo er Ihm näher war als je zuvor in seinem ganzen Leben. Als wir um Tim trauerten, suchte uns ein Pastor auf und sagte uns, daß nach Aussagen der Bibel Gott die Blumen für seinen Garten dann pflückt, wenn sie am schönsten sind. Erst wollte ich das nicht hören, aber später hat mich dieser Gedanke getröstet.

Und dann hörten endlich die »Warum?«-Fragen auf, und die Wunde begann sich zu schließen. Ja, Tim war nicht mehr da, ja, ich vermißte ihn furchtbar. Aber allmählich kam ich aus dem Sumpf der Trauer heraus und erreichte festen Boden, wo ich sagen konnte: »Also gut, *zwei* Angelder im Himmel — das wird doch wohl reichen.«

Aber ich hatte immer noch zu lernen. Der Tod von Steve und Tim war sozusagen mein Grundkurs im Leiden. Es kam noch ein Aufbaukurs, in dem ich lernen sollte, daß es nicht nur verschiedene *Stadien* von Trauer und Leid gibt, sondern auch ganz verschiedene *Arten* — und daß der schlimmste Schmerz nicht notwendig durch den Tod eines lieben Menschen kommt.

Das grosse Schmerz-Diplom

Die Hochschule des Kummers begann für mich an dem Tag, wo ich in Larrys Zimmer in einer Schublade homosexuelle pornographische Hefte fand.[2] Ich fand sie ironischerweise an dem Morgen nach der College-Abschlußfeier unseres Zwanzigjährigen, bei der er mehrere Auszeichnungen bekommen hatte. Ein prominenter kalifornischer Pastor, der die Festrede hielt, hatte uns hinterher gesagt: »Auf diesen jungen Mann hat Gott seine Hand gelegt.«

Als ich die homosexuellen Hefte und Bilder fand, nebst mehreren mehr als offenherzigen Männerbriefen, die postlagernd an Larry adressiert waren, konnte ich erst nicht glauben, daß dieser Schund meinem Sohn gehören sollte. Vielleicht brauchte er das Zeug als Material für sein Studium? Aber das Studium war doch vorbei!

Halb benommen fuhr ich zum Flughafen, um meine Schwester und den Schwager abzuholen, die uns auf ein fröhliches Familienwochenende besuchten; zum ersten Mal seit Tims Tod würden wir zusammen sein. Die Bilder und Briefe hatte ich kurzerhand in den Kofferraum geworfen. Ich zitterte am ganzen Leib, mein Schluchzen wollte mich schier ersticken. Ich fühlte mich, als ob ein Elefant auf meiner Brust stand oder ein Stier mich auf die Hörner genommen hatte oder jemand ein Messer in meinem Herzen hin- und herdrehte. Mein

Magen wollte sich umdrehen, in meinem Rachen schien ein filziger Teppich zu stecken, meine Zähne juckten.

Die fast einstündige Fahrt zum Flughafen war ein einziger Alptraum, aber sie half mir, wenigstens einen Teil meines Elends hinauszulassen; nur dadurch war es mir möglich, die nächsten paar Stunden durchzustehen. Später, am Abend, hörte ich dann aus Larrys eigenem Mund, daß er in der Tat homosexuell war – »vielleicht auch bisexuell«. (Das Wort »bisexuell« hatte ich noch nie gehört. War das jemand, der zweimal im Monat Sex hatte? Aber was gab das für einen Sinn?)

Mein Schock verwandelte sich in heftige Wut, und am nächsten Tag kam es in unserem Wohnzimmer zur Explosion. Ich schrie Larry jeden Bibelvers und jedes Verdammungsurteil, das ich kannte, ins Gesicht, und er schoß mit einer Salve aus Obszönitäten (die meisten hatte ich noch nie gehört) zurück.

Am folgenden Tag verließ Larry voller Wut unser Haus und ließ fast ein Jahr lang nichts mehr von sich hören. Worauf meine Wut sich rasch in Trauer verwandelte und das altbekannte quälende Grübeln zurückkam, lauter als je zuvor: »Warum? Gott, warum ausgerechnet ich?« Ich wurde gefragt, was denn nun schlimmer sei: zwei Söhne an den Tod verlieren oder einen an den schwulen Lebensstil. So furchtbar es gewesen war, zwei Söhne begraben zu müssen – daß jetzt ein dritter Sohn sich irgendwo einem so gottlosen Lebensstil hingab, war für mich noch schrecklicher.

Bei Steve und Tim hatte die Wunde heilen können, weil ja »alles vorbei war«. Sie lagen unter der Erde, die Nachrufe waren gesprochen, wir hatten Abschied genommen. Aber jetzt, bei Larry, lernte ich das kennen, was schon so viele Eltern haben tragen müssen: Leid, das nicht aufhören will.

Nach Steves und Tims Tod waren Freunde gekommen, um uns zu trösten. Nicht alle hatten die richtigen Worte gefunden, aber sie hatten es wenigstens versucht. Aber wem konnte ich das mit Larry erzählen? Ich zog mich in ein Gefängnis der Scham zurück, verbarrikadierte mich in meinem Schlafzimmer, zählte die Rosen auf der Tapete und gab mich den bittersüßen Erinnerungen hin – an damals, als Larry, unser »Augapfel«, kleiner war.

DIE HIRTEN SPIELTEN BLINDEKUH

Larry ... Er war musikalisch. Und fürsorglich. Und er konnte lachen. Mit zehn Jahren sollte er auf einer Weihnachtsfeier in unserer Kirche ein Solo singen: »Es waren Hirten auf dem Feld, die sahen Bethlehems Stern«. Ich half ihm, das Lied einzuüben, und manchmal wurde er albern dabei und änderte den Text: »Es waren Hirten auf dem Feld, die spielten Blindekuh. Da trat ein Engel vor sie hin und sprach: Wo drückt der Schuh?« Als er das eines Tages wieder einmal machte und wir uns köstlich dabei amüsierten, sagte ich: »Du, wenn du das auf der Weihnachtsfeier auch so singst, kriegst du fünf Dollar von mir!«

Larry lachte und versicherte mir, daß er den richtigen Text singen würde. Aber als der große Abend dann da war, überlegte er es sich anders, trat vor all die Leute in dem Saal und legte los: »Es waren Hirten auf dem Feld, die spielten Blindekuh ...« Seine ganze Umdichtung sang er dem staunenden Publikum vor, worauf dieses nicht etwa schockiert, sondern amüsiert war; bald standen die Leute schier auf den Stühlen vor Lachen und Applaudieren. Und jawohl, der Junge bekam seine fünf Dollar, das war mir der Spaß wert!

Einmal kauften wir ein automatisches Klavier — eines jener Pianos, die von selber spielen, wenn man eine Walze in den Mechanismus legt. Larry saß mit Vorliebe davor und ließ seine Finger über die Tasten gleiten, während die ganz von allein ihr Konzert gaben. Ich weiß noch, wie ich im Wohnzimmer stand und mit einem Handwerker sprach, während Larry vor dem Wunderklavier saß. »Ihr Junge ist aber echt musikalisch«, sagte der Handwerker, als er wieder ging. Kaum war die Tür hinter ihm zu, da prusteten Larry und ich um die Wette los.

Als Teenager arbeitete Larry in einem Schnellimbiß, und nach der Spätschicht kam er immer mit einer Tüte Hamburger nach Hause. Wir setzten uns dann zusammen vor den Fernseher, aßen unsere Hamburger und lachten. Larrys Lachen war richtig ansteckend, ich mußte ihm immer sagen: »Lach leiser, sonst weckst du alle auf!«

Und dann sein kleiner roter Volkswagen mit dem Aufziehschlüssel, den er hinten auf die Motorhaube geschweißt hatte. Jedesmal, wenn er zur Schule oder zur Arbeit fuhr, mußte ich kichern. Als Larry fortgegangen war, suchte ich jedesmal,

56

wenn ich einen VW-Käfer sah, den Aufziehschlüssel. Aber ich sah Larrys Wagen nicht wieder.

Im Schatten von Hoffnung und Angst

Meine Wut auf Larry verwandelte sich in tiefe Depression, und der Schmerz wurde furchtbar. Meist haben wir körperliche Schmerzen, aber es gibt auch seelische Schmerzen, und in vieler Hinsicht sind sie schlimmer als die körperlichen. Der seelisch Leidende macht ein ständiges Wechselbad aus Hoffnung und Angst durch. Mal hofft man, daß das Elend bald vorbei sein wird, dann hat man wieder Angst, daß es nie aufhört. Wir sehnen uns natürlich nach rascher Heilung des Schmerzes — aber die rasche Heilung kommt nicht. Tatsache ist: Wo die Wunden tief und groß sind, braucht die Genesung ihre Zeit.

Der Schmerz bleibt, weil das Problem bleibt. Das Problem kann vieles sein: der Ehepartner oder Freund, der einen im Stich gelassen hat, der Unfall, der uns in den Rollstuhl geworfen hat, der drogensüchtige Sohn, die schizophrene Tochter, das mongoloide Kind oder, wie bei mir, das aufsässige Kind, das uns das Herz gebrochen hat.

Die meisten der Briefe, die ich bekomme, sind von Eltern mit solchen Dauerproblemen. Eine Mutter schrieb mir von der furchtbaren Entdeckung, daß ihr dreißigjähriger, studierter, hochbegabter und gläubiger Sohn, »der uns nie Kummer gemacht hatte«, homosexuell war und sich AIDS zugezogen hatte:

> Die Gefühle meines Mannes und mir — ich kann sie gar nicht beschreiben, sie wechseln so schnell. SCHMERZ, Wut, wieder SCHMERZ, Schuldgefühle, SCHMERZ, Verzweiflung, SCHMERZ, Scham, SCHMERZ, Verdrängung, SCHMERZ, Verwirrung, SCHMERZ, Trauer, SCHMERZ, Angst, SCHMERZ, Benommenheit — und dann alles wieder von vorne. Wir haben geweint, gebetet, geredet, uns in die Arme genommen, der eine hat den anderen zu trösten versucht. Wie uns so etwas passieren konnte ...

Wenige Monate später kam der nächste Schock für diese Eltern. Ihre 27jährige, ebenfalls studierte, begabte und gläubige Tochter, »die uns nie Kummer gemacht hatte«, eröffnete ihnen, daß sie ebenfalls homosexuell war, auch wenn sie zur Zeit keine lesbische Beziehung hatte.

Inzwischen sind Tochter und Sohn weit fortgezogen, bleiben aber in Kontakt mit ihren Eltern. Beide behaupten, daß sie sich schon immer homosexuell gefühlt haben und auf der Suche nach einem Lebenspartner sind, mit dem sie so glücklich werden wollen wie ihre Eltern in ihrer Ehe. Die Mutter fährt in ihrem Brief fort:

> Und so stecken wir in der Sackgasse: Einerseits bringen wir es vor Angst und Scham nicht fertig, jemandem von der Sache zu erzählen, andererseits brechen wir schier zusammen unter der Last. Wir wissen, daß Christus unser Erlöser ist und daß denen, die Gott lieben und nach seinem Vorsatz berufen sind, alle Dinge zum Besten dienen müssen. Warum fällt es uns dann so schwer, ihm dieses ganze Elend hinzulegen? Immer wieder fragen wir uns, was wir bloß falsch gemacht haben, daß unsere beiden Kinder so geworden sind. Entschuldigen Sie, wenn ich etwas durcheinander bin, aber manchmal ist der Schmerz wie ein Messer, daß ich denke: Das überlebst du nicht – und vielleicht will ich auch gar nicht weiterleben.

Ein Brief wie dieser zeigt, daß das »gebrochene Herz« mehr als ein bloßes Bild ist. Im 19. Jahrhundert glaubten manche Ärzte, daß großer seelischer Schmerz das Herz schädigen könne, bis hin zum Tod. Ein Arzt schrieb: »Die Sezierung von Personen, die an Gram gestorben sind, weist Kongestion im und Entzündung des Herzens mit Sprengung seiner Aurikulare und Ventrikel auf.«[3] Auch viele moderne Ärzte meinen, daß Kummer einem wörtlich das Herz brechen kann. Die Briefe, die ich bekomme, bestätigen das, und das Ziel unserer Arbeit in »Spatula Ministries« ist in Jesaja 61, 1 nachzulesen: »die zerbrochenen Herzen verbinden«.

Mein eigenes zerbrochenes Herz brachte mir zwar nicht den Tod, aber das gleiche Gefühl, das auch viele andere Mütter beschreiben: ein tiefer, bohrender Schmerz in der Brust, als ob jemand ein Messer hin- und herdreht.

Eine Mutter berichtete mir, daß sie mit diesem Schmerz dadurch fertigzuwerden versucht, daß sie nicht auf Hochzeiten, Polterabende und sonstige Feste geht, die sie an ihren Sohn erinnern könnten, der seine Familie verlassen hat. So wird das Reißen des Messers in der Brust einigermaßen erträglich.

Wer in solchem Schmerz lebt, der hat als ständigen Begleiter den Schatten der Depression. Man braucht alle Kraft, um durch einen ganz normalen Tag zu kommen. Ständig fragt man sich: »Warum?« Die Frage ist falsch, natürlich, aber sie läßt einen nicht los.

Man sagt manchmal, daß Leiden verbindet, und bis zu einem gewissen Grad stimmt das. Der Leidende fühlt sich oft zu anderen Leidenden hingezogen – zu »Leidensgenossen«, die einen ähnlichen Kummer zu tragen haben, zum Beispiel zu Eltern, denen ebenfalls ein Kind das Herz gebrochen hat. Das ist der Grund, weshalb unsere Spatula-Gruppen ständig neue Mitglieder bekommen. Eltern, die die gleiche Last tragen, können diese miteinander teilen und im offenen Gespräch die Eiterbeulen ihrer Seelen anstechen. Es mag meinen Kummer vielleicht nicht kleiner machen, daß es einem anderen noch schlechter geht als mir, aber es hilft ganz sicher, zu wissen, daß Gott weiß, wieviel wir tragen können, und uns täglich neu die Kraft gibt, die wir brauchen.

Einer meiner größten Lichtblicke ist immer wieder, wenn ich wieder einmal meine Geschichte erzählt habe und dann Frauen zu mir kommen und sagen: »Also, wenn ich mir *Ihre* Probleme anhöre, dann habe ich selber eigentlich gar keine!« Ist es nicht wunderbar, wie Gott die Trümmer eines Lebens nehmen und zum Segen für andere Menschen machen kann? Ich bin zuversichtlich, daß die Schicksale in diesem Buch Licht in viele dunkle Verzweiflungsecken und Hoffnung in Niederlagen bringen werden. Doch, es gibt eine Tür zur Hoffnung, und wir können sie finden und durch sie hindurchgehen – und wenn wir hindurchgegangen sind, dürfen wir aufatmen und wieder lachen.

WENN KUMMER EINSAM MACHT

Aber es ist nicht immer einfach, Helfer im Leid zu finden, und manchmal, besonders wenn der Schock noch frisch ist, wollen wir gar keine finden. Man kann in ein solch tiefes Depressionsloch fallen, daß man sich vom Rest der Welt abriegelt. Kummer und Schmerz können uns unseren liebsten Menschen entfremden; so war es jedenfalls bei mir. Als ich Larrys Homosexualität entdeckt hatte, war mein Schmerz so tief und so persönlich, daß ich ihn niemandem sagen konnte. Ich war so fix und fertig, daß ich mich in mir selber einschloß. Ich las einmal von einer in manchen Straflagern üblichen Foltermethode, dem sogenannten »Zementsack« — einer Betonzelle zur Einzelhaft, in der der Häftling gerade Platz zum Stehen hat. Ich schuf mir damals meinen eigenen »Zementsack«, nur daß er nicht aus Zement, sondern aus Angst und Elend bestand. Elend muß nicht sein — aber damals wählte ich mir selber das allerschlimmste Elend.

Wenn Bill morgens zur Arbeit gefahren war, blieb ich allein im Schlafzimmer, zählte die Rosen auf der Tapete, schluchzte hemmungslos, zählte wieder, und so weiter. Manchmal steigerte das Schluchzen sich zum langgezogenen Heulen, dem tiefsten Elendslaut, den der Mensch hat. Ich hatte auch nach Steves und Tims Tod viel geweint, aber dieses Weinen war anders; es kam nicht aus meiner Kehle, sondern tiefer, aus der Brust, direkt aus dem Brennpunkt meines Schmerzes.

Ohne es selber zu merken, entwickelte ich damals eine »Technik«, meinen Schmerz nach außen zu lassen. Heute bringe ich diese Technik anderen Menschen bei. Ich empfehle ihnen, sich mit dem Gesicht nach unten (was Brust und Rachen entspannter macht) auf ein Kissen zu legen und ihren Tränen freien Lauf zu lassen, ihr ganzes Elend hinauszuschluchzen. Schluchzen ist ähnlich heftig wie Erbrechen. Manche Eltern haben Angst, daß sie, wenn sie so zu schluchzen beginnen, gar nicht mehr aufhören können. Aber das stimmt nicht. Wenn wir uns darüber klarwerden, daß Schluchzen ungeheuer befreien kann und daß Gott unsere Gefühle versteht und akzeptiert, dann können wir unseren angestauten Kummer gezielt abbauen. Manche Psychologen schlagen heute sogar vor, daß Menschen, die an schwerem Kummer leiden, jeden Tag eine »Schluchz-und-Wein-Sitzung« einplanen. Ich nehme an, daß ich genau dies getan habe, lange bevor die »Experten« es entdeckten.

Mein regelmäßiges Weinen half mir, die Leidensspannungen abzubauen, aber es konnte nicht verhindern, daß ich in tiefe Depression versank. Bill schickte mich schließlich zu einem Psychotherapeuten, der mir auch etwas helfen konnte. Aber meine Depressionen blieben, weil ich mir seine Ratschläge nicht zu eigen machen konnte. Er versuchte mir zu erklären, daß er bei der Veränderung der sexuellen Orientierung Homosexueller sehr wenig Erfolg gehabt hatte und daß ich, sollte Larry sich je wieder bei mir melden, gar nicht erst versuchen sollte, ihn zu einer Behandlung zu überreden. Das konnte ich nicht akzeptieren. Waren denn bei Gott nicht alle Dinge möglich? Konnte er Larry nicht heilen, wenn ich nur genug darum betete?

Mein Dialog mit dem Psychologen zog sich über Monate hin, und die Depressionen wurden immer schlimmer. Als er mir eröffnete, daß Larry, der jetzt seit fast einem Jahr weg war, womöglich nie mehr zurückkommen würde, wurde es so schlimm, daß er Bill empfahl, mich in ein psychiatrisches Krankenhaus zu stecken. Worauf Bill ihm sagte, daß er nicht sicher sei, ob unsere Krankenversicherung dafür aufkommen würde, und daß wir es halt zur Not zu Hause versuchen müßten; ich sei ja »nicht bösartig oder so was«.

Ich war am Ende. Und dann lernte ich die nächste Schlüssellektion über den Schmerz: Ich lernte es, mich *wirklich* in Gottes Hand fallen zu lassen, ihm *total* und ohne Wenn und Aber mein ganzes Elend zu übergeben.

Die Lektion kam am folgenden Tag, als ich im Auto saß und auf eine hohe Brücke beim Disneyland-Park zu fuhr. Ich hatte vor, auf der Brücke den Wagen nach rechts zu reißen, das Geländer zu durchbrechen und die fünfzehn Meter in den — hoffentlich — sicheren Tod zu stürzen. Aber als die Brücke kam, erkannte ich zwei Dinge:

1. Die fünfzehn Meter würden womöglich doch nicht reichen. Ich konnte auch nur schwer verletzt werden und den Rest meiner Tage körbeflechtend in einer geschlossenen Anstalt verbringen.

2. Ich war unendlich *müde.* Ich mochte es nicht mehr — den Kummer, den Schmerz, die bittersüßen Erinnerungen, das endlose Grübeln. Vor allen Dingen hatte ich keine Lust mehr, Gott immer wieder zu sagen: »Ich lege Larry in deine Hand« — nur um ihn gleich wieder zurück in meine zu nehmen und die Last weiter zu tragen. Ich war es müde, mein eigenes Schneckenhaus zu sein, zusammengekrümmt in mir selbst und meinem schweren Herzen.

Und in diesem Augenblick, dort auf der Brücke, beschloß ich, Larry endlich »ans Kreuz zu nageln«. Ich stellte mir vor, wie ich einen Hammer nahm, das ganze Problem ans Kreuz nagelte und dabei betete: »Herr, ich schaff das nicht mehr... Ich gebe ihn jetzt Dir, auch wenn er nie mehr nach Hause kommt. *Mach Du es, Herr!* Egal, was kommt, ich nagele ihn an Dein Kreuz und übergebe ihn Dir!«

Ich weiß immer noch nicht genau, was dann passierte und warum es passierte. Die entscheidenden Worte waren wohl *»Mach Du es, Herr«*. Mit ihnen gab ich mich restlos in Gottes Hand: Egal, was er tun oder nicht tun würde, ich würde es annehmen. Ich hatte aufgehört, zu treten und zu strampeln.

Dieser Satz »Mach Du es, Herr« ließ einen Wind der Erleichterung durch meine Seele blasen. Meine Zähne juckten nicht mehr, der pelzige Knebel im Hals war weg, ebenso der Elefant, der fast ein Jahr auf meiner Brust gesessen hatte, und das Messer in meinem Herzen. Und ich wendete den Wagen und fuhr nach Hause; mein Leben konnte wieder beginnen.

Das muß nicht bei jedem exakt so »funktionieren« wie bei mir. Der Satz »Mach Du es, Herr« ist keine supergeistliche Zauberformel. Der springende Punkt ist ganz einfach, daß man seine Not ganz an Gott abgibt, und dies gilt besonders dort, wo ein Mensch, den man liebt, seine eigenen rebellischen Wege geht.

Als ich damals sagte: »Mach Du es, Herr«, identifizierte ich mich mit Hiob, der sagte: »Er mag mich töten, ich harre auf ihn« (Hiob 13, 15, Einheitsübersetzung). Alles hatte ich verloren, bis auf meinen Verstand, und der begann sich auch aufzulösen. Und so kam ich endlich dahin, daß ich nicht mehr grübelte: »Warum?«, sondern sagen konnte: »Mach Du es, Herr!«

Das also war der Schlüssel. Ich übergab all meine Hoffnungen, meine Pläne, mein Leben und, ja, meinen Sohn an Gott. Ich sah endlich ein, daß ich machtlos war, Larry zurückzuholen oder zu ändern; das konnte nur Gott tun. Es ist Gott, der unser steinernes Herz herausnimmt und durch ein fleischernes Herz ersetzt (Hesekiel 11, 19). Alles, was *ich* tun konnte, war, Larry loszulassen – in Gottes Hand hinein.

SCHENKEN SIE IHR PROBLEM GOTT

Vielleicht haben Sie Schwierigkeiten, sich ein solches Loslassen vorzustellen. Es mag Ihnen nicht möglich sein, Ihr Kind oder sonstigen Angehörigen im Geiste »ans Kreuz zu nageln«. Nun, dann stellen Sie sich etwas anderes vor – zum Beispiel, daß Sie diesen Menschen in einen Geschenkkarton legen, den Sie liebevoll mit Papier und bunten Bändern einwickeln.

Stellen Sie sich als nächstes eine lange Treppe vor, an deren oberem Ende Jesus auf Gottes Thron sitzt. Steigen Sie, Ihr Geschenkpaket in den Armen, diese Treppe hinauf und legen Sie das Paket vor Jesus nieder. Schauen Sie zu, wie er sich nach vorne beugt, es hochnimmt und auf seinen Schoß legt. Jetzt stellen Sie sich vor, wie er es öffnet und den Menschen, den Sie ihm da übergeben, in seine Arme nimmt.

Sie müssen fest glauben, daß Jesus Ihren geliebten Menschen in den Armen hat und daß er ihn nie, nie loslassen wird. Sie haben diese Person Jesus übergeben, sie ist jetzt Jesu Angelegenheit. Und jetzt kommt es: Wenn Sie Jesus Ihr Geschenk übergeben haben, dann drehen Sie sich um und steigen Sie die Treppe wieder hinunter. Vielleicht haben Sie das Bedürfnis, sich auf halbem Wege noch einmal umzudrehen, um sich zu vergewissern, daß Ihr Geschenk auch wirklich in Jesu Armen ist. Vielleicht stellen Sie sich vor, wie Jesus sagt: »Niemand wird diesen Menschen je aus meiner Hand reißen, und ich werde ihn nie loslassen.«

Gehen Sie die Treppe ganz hinunter und danken Sie dabei Gott dafür, daß er die Sache jetzt führt. Hören Sie sich selber zu, wie Sie beten: *Herr, das wäre es also. Ich habe ... [setzen Sie den Namen ein] Dir übergeben. Er/sie ist jetzt Deine Sache. Wirke Du so in seinem/ihrem Leben, wie Du es für richtig hältst.*

Ich glaube, daß diese kleine Gedankenübung bei allen »Problemfällen« wirkt, ob es nun der aufsässige Sohn ist, die Tochter, die den falschen Mann geheiratet hat, der Vater mit seiner Multiplen Sklerose oder die Schwester im Rollstuhl. Sie haben Ihr Problem Gott übergeben und brauchen sich nicht mehr mit dem Gedanken zu plagen, daß Sie es selber schaffen müssen. Und wenn dieser Gedanke wiederkommen will, dann erinnern Sie sich einfach ganz bewußt daran, daß Sie diesen Menschen ja Gott geschenkt haben und daß der ihn in seine ewigen Liebesarme aufgenommen hat.

Vielleicht wollen Sie sich die Zeichnung auf S. 64 kopieren und an einer geeigneten Stelle aufhängen, so daß sie Sie immer wieder an Ihr »Geschenkpaket« für Gott erinnert. Ihre Problemperson ist sicher in seinen Armen, und Sie können die Aufgaben anpacken, die Jesus Ihnen stellt, anstatt sich mit Lasten herumzuschleppen, die zu groß für Sie sind.

DAS SCHÖNSTE KOMMT NOCH

Ich mag die Gedankenübung mit dem Geschenkpaket nicht zuletzt deshalb, weil sie *die Perspektive der Ewigkeit* betont, die wir doch so bitter brauchen im Kampf mit unseren Enttäuschungen und unserem Herzeleid. Es gibt keine bessere Rettung aus dem Morast der Not als das Seil der Ewigkeit — das Wissen darum, daß *dieses irdische Leben noch nicht alles ist.* Was uns hier geschieht, ist nur zeitlich und wird wieder vergehen. Perspektive der Ewigkeit — das bedeutet, daß unser Lebensauto einen kleinen Rückspiegel hat und eine riesige Frontscheibe, die uns den Blick nach vorne freigibt. Sicher, wir sind keine Hellseher; wir wissen nicht, was das nächste Jahr, der nächste Monat, der nächste Tag bringt. *Aber Christen wissen, daß am Ende Gottes Herrlichkeit kommt.*

Ich habe nie viel Sympathie gehabt für jenes »Du mußt nur richtig glauben«-Christentum, bei dem man Eheglück und Gesundheit, Auto, Haus und Urlaub aus dem Gebetsautomaten bekommt, wenn man nur genügend Geld hineinwirft. Wer will oder braucht denn so etwas? Gottes Verheißungen für die Ewigkeit sind so groß, daß unsere Lebensprobleme eigentlich mickrig sind daneben. Die Gegenwart ist ein kleines Guckloch; die Zukunft erst bringt das volle Bild. Im Durchleben unserer vorübergehenden Nöte bekommen wir den Blick geschärft und erkennen:

VOR DER GOLDENEN KRONE DER HERRLICHKEIT
KOMMT DIE EISERNE KRONE DES LEIDENS.

Vor einigen Jahren fertigte meine Schwiegertochter Shannon eine Zeichnung wie die auf Seite 62 an. Bill hat seitdem Tausende Exemplare davon kopiert, für die Menschen, denen wir mit Spatula Ministries helfen. Ich gebe ihnen immer den Tip, die Zeichnung an ihrem Kühlschrank oder sonst einem geeigneten Ort aufzuhängen, als ständiger Ansporn, zu sagen: »Mach Du es, Herr!« Inzwischen haben mir an die vierzig Frauen alle möglichen kunstgewerblichen Variationen dieser Worte geschickt: gehäkelt, gestickt, auf Servietten, auf Gläsern, usw. Und bei Besuchen in unserer großen Spatula-Familie sehe ich das Blatt oft an der Pinwand oder sogar eingerahmt im Wohnzimmer.

SIE ÄNDERTE SICH — IHRE TOCHTER NICHT

Kürzlich kam nach einer Konferenz eine Dame zu mir und übergab mir einen Umschlag mit einer 20-Dollar-Note und einem Zettel. Auf dem Zettel stand:

Als Sie vor etwa fünf Jahren hier waren, hatte meine Tochter gerade ihren Mann und ihre beiden Kinder verlassen und erklärt, daß sie lesbisch sei. Sie sprachen damals mit mir und gaben mir Ihr Buch; ich sollte Ihnen dann das Geld schicken. Als meine Tochter sich nicht änderte, habe ich vor lauter Wut das Geld nicht geschickt. Inzwischen hat meine Tochter sich immer noch nicht geändert — aber dafür ich. Ich habe die ganze Sache Gott übergeben. Hier ist das Geld für Ihr Buch.

In Christi Liebe,

Sally

Ich mag diesen Brief — nicht, weil die Frau endlich das Buch bezahlte, sondern weil sie eingesehen hat, daß es *unsere* Aufgabe ist, unsere Mitmenschen zu lieben, und *Gottes* Aufgabe, sie zu ändern. Viele Eltern würden natürlich liebend gern den Lebensweg ihrer Kinder gerade biegen, und das am besten sofort. Aber Gott hat uns nicht aufgetragen, unsere Kinder zu ändern, sondern nur, sie zu LIEBEN. Der große Veränderer — bei uns allen! — ist er selber.

Viele Eltern haben die von Psychologen so genannte »Rettungsphantasie«: Sie wollen das Leben ihrer Kinder umbauen und das Happy End herbeizaubern. Aber das ist nicht Gottes Auftrag an uns. Wir können nur den Verzagten zuhören und mit den Trauernden weinen — und vor allem auf den Einen hinweisen, der allein wirkliche Heilung bringen kann. Ich empfehle Eltern oft, sich hin und wieder aufzusagen:

ICH KANN NICHTS DAFÜR,
ICH KANN ES NICHT STEUERN,
ICH KANN ES NICHT ÄNDERN.

Aber Gott kann es ändern! Wenn Leid uns überfällt, dann haben wir die Wahl: Wir können uns in uns selber zurückziehen und bitter werden, vorzeitig altern und innerlich verwelken — oder wir ergreifen Gottes Hand und wachsen innerlich. Gott hat es uns versprochen, und »von all den herrlichen Verheißungen, die er ... verkündet hat, ist nicht eine hinfällig geworden« (1. Könige 8,56, Einheitsübersetzung).

Liebe — Balsam für zerbrochene Herzen

Der Weg zur Heilung kann lang und mühsam sein. Aber am Anfang steht immer die Erkenntnis, daß *ich nicht alles verstehen muß*. Manchmal wird auf drei Schritte vorwärts prompt ein Schritt zurück folgen oder auf die Hoffnung am Morgen die neue Verzweiflung am Abend. Es kann sein, daß Wut, Sehnsucht, Bitterkeit und alle möglichen Gefühle Fußball in meinem Kopf spielen, so daß ich schier nicht mehr logisch denken oder vernünftige Entscheidungen treffen kann.

Nicht zurückrutschen in die Schlammgrube des Schocks und der Hilflosigkeit — das ist jeden Tag neu die große Herausforderung. Es kann sein, daß wir ein paar Tage lang Frieden haben — und dann ist die ganze leere Einsamkeit plötzlich wieder da. Vielleicht, weil wir auf dem Kalender sehen, daß heute der Geburtstag unserer »verlorenen Tochter« ist. Oder weil wir einen Passanten gesehen haben, der dem entfremdeten Sohn ähnlich sieht. So war es manchmal bei mir; wenn ich beim Einkaufen auch nur von weitem einen jungen Mann sah, der das gleiche Hemd trug wie Larry, gab mir das einen Stich durchs Herz, und die Tränen schossen los.

Unsere innere Genesung kann wie eine Berg- und Talbahn sein, mit immer neuen Höhen und Sturzfahrten, daß wir manchmal am liebsten schreien wollen. Aber dann spüren wir, wie der Schmerz nachläßt, die Wunde zu heilen beginnt und das Leben ein klein wenig heller wird. Wir sehen den ersten Hoffnungsschimmer. Und sobald wir Hoffnung haben, sind wir wirklich auf dem Weg zur Genesung. Denn Hoffnung ist zäh. Wir hoffen gegen den Wind, gegen alle Wahrscheinlichkeit, wenn alles längst verloren scheint. Hoffnung kann fast ohne Stärkung von außen überleben. Hoffnung kann auch Ihr zerbrochenes Herz heilen — wenn Sie Gott *alle* Stücke geben!

Wenn wir unser Leben und das unserer Lieben in Gottes Hand gelegt haben, dann sind wir für die Zukunft gewappnet, mag da kommen, was will. Denn Gott ist der, der uns jeden Tag neu die Kraft gibt, die wir brauchen. Er ist der Eine, der uns liebt und versteht und einen ewigen Plan für uns hat. Ihm können wir all unsere Probleme und Nöte und jene Ängste, die einfach nicht weggehen wollen, anvertrauen. Jeden Morgen neu können wir beim Aufwachen sagen: *»Mach Du es, Herr!«*

EINSICHTEN

DER REGEN FÄLLT AUF DEN GERECHTEN
UND DEN UNGERECHTEN,
ABER VOR ALLEM AUF DEN GERECHTEN,
WEIL DER UNGERECHTE IHM SEINEN
REGENSCHIRM STIEHLT.

* * * * * *

VERÄNDERUNG IST EIN PROZESS,
NICHT EIN EINMALIGES EREIGNIS.

* * * * * *

WIR SIND IMMER IN DER ESSE
ODER AUF DEM AMBOSS.
GOTT LÄUTERT UNS DURCH PRÜFUNGEN.

* * * * * *

WAS WILLST DU HERR?

Wen Du auch in mein Leben legst,
wen Du auch nimmst heraus,
wie Du die Dinge endlich führst — Du allein siehst das Ziel.
Du weißt, wieviel ich tragen kann,
Du kennst mich ganz genau.
Für Dich sind tausend Jahr' ein Tag — hilf mir, geduldig sein.
Es ist ja alles in Deiner Hand — hilf, daß ich lasse los.
Du führest mich, Du bist mein Sieg,
meine Ewigkeit, mein Heil.

* * * * * *

BRING JESUS DEINE ZERBROCHENEN TRÄUME!

Der Herr hält alle, die da fallen, und richtet alle auf, die nieder-
geschlagen sind (Psalm 145,14).

KAPITEL 4

DA SITZ ICH NUN

*Wenn ich das Zeug zum Kokon hab,
hab ich vielleicht auch das zum Schmetterling.*

(Trina Paulus)[1]

In eine Jauchegrube fallen ist nicht gerade gut für unser Selbstbewußtsein. Die vielen Briefe, die ich bekomme, beweisen das. Auch wenn die Schreiber selten den Ausdruck »Selbstachtung« oder »Selbstwertgefühl« benutzen, meinen sie doch genau dies: daß die Schlammfluten des Lebens unser Selbstbewußtsein glatt wegspülen können.

Da schreibt mir eine Mutter, die zwei erwachsene Kinder hat. Die Tochter ist mit einer anderen Frau, die einen kleinen Jungen hat, zusammengezogen. Mutter und Vater können den neuen Lebensstil der Tochter nicht gutheißen und schreiben ihr, daß sie sie nach wie vor lieben und daß sie stets zu Hause willkommen sein wird, aber ohne den Rest ihrer »Familie«. Worauf die Tochter sich höflich für den Brief bedankt und bedauert, daß ihre Eltern sich so wenig für ihren neuen »Enkel« interessieren; leider, leider werde sie unter diesen Umständen ihre Eltern wohl nicht mehr so häufig sehen können, und nein, aus dem Weihnachtsbesuch werde wohl nichts.

Die Eltern bemerken, wie ihr Sohn merkwürdig zurückhaltend reagiert, und fragen ihn, was er denn von dem neuen Leben seiner Schwester hält. Er eröffnet ihnen, daß er auch schwul ist. Die Mutter in ihrem Brief:

> Barbara, am liebsten möchte ich den Bettel hinschmeißen, *als Mutter zurücktreten* und zu Jesus gehen. ICH WILL NICHT, DASS MEIN SOHN UND MEINE TOCHTER SCHWUL SIND! ... Ich will Enkelkinder haben, ich will, daß wir eine »normale« Familie sind. Ich will nicht diese Schande, Schuld und Schmerz, ich will nicht all diesen Nachbarklatsch, ich will nicht diese schuldbeladene Verzweiflung in den Augen meines Mannes, wenn er für mich stark zu sein versucht ...

Wie oft sind die Menschen zu mir gekommen, um sich von meinem Glauben, meinem warmen Interesse und, ja, meiner guten Laune anstecken zu lassen. Ich bin eine Klavier- und Gesangslehrerin, und meine vierzig Schüler sind mir ebensoviele Freunde. Aber jetzt fühle ich mich wie ein »Zombie« in meinem Studio. Ich singe auch im Kirchenchor und als Solistin in anderen Gruppen. Ich komme mir wie eine Betrügerin vor. ... Ich bin 54 und frage mich, was mein Leben eigentlich noch soll. Was habe ich denn erreicht? Noch nie habe ich mich so wertlos und hilflos gefühlt.

Eine andere Mutter, aus Arizona, schrieb mir, daß vor über einem Jahr ein Brief ihrer Tochter ankam, in welchem diese schrieb: »Ich muß Dir mitteilen, daß ich lesbisch bin. So. Wie geht es jetzt weiter?« Die Mutter weiter in ihrem Brief:

Unser Leben wird nie mehr so sein wie vorher. Mein Selbstbewußtsein ist dahin, ich muß ständig gegen diese Lethargie ankämpfen. Ich nehme etwas gegen Depressionen, aber allein schon die Hausarbeit erledigen ist ein ständiger Kampf.

Von Depression und Lethargie berichtet auch eine andere Frau, die eine Kolumnistin für ihre Tageszeitung ist. Ihr Mann war gestorben, ebenso — nach achtzehnjährigem Kampf mit der Alzheimerschen Krankheit — ihre Schwester. Dann ließ sich ihr Sohn scheiden; seine beiden Kinder litten furchtbar darunter.

Früher hielt ich Vorträge darüber, wie man als Frau das Beste aus sich macht. Jetzt bin ich wie ausgebrannt. Ich heule, bete, fühle mich total allein. Ich habe keine direkten Verwandten mehr. Freunde — ja; und doch so allein ...
Was soll aus mir werden? Ich bin Schriftstellerin, meine Artikel helfen den Menschen. Aber mir hilft nichts.

Dies sind nur zwei Beispiele für die vielen Briefe dieser Art, die ich ständig bekomme. Wenn unser Selbstwertgefühl im Keller ist, möchten wir am liebsten auch sagen:

FRÜHER WAR ICH APATHISCH.
JETZT IST MIR ALLES EGAL.

EIN SCHEMEL MIT DREI BEINEN

Wir alle tragen ein Bild von uns selbst in uns. Wir »sehen« uns auf eine ganz bestimmte Weise, und davon wird unser Verhalten geprägt.[2] Wir haben eine bestimmte Einstellung zu uns selber, wir »mögen« uns — oder auch nicht. Leider sind viele der Nöte, von denen ich in meiner Arbeit höre, von der Art, die einem die Selbstachtung nehmen kann; man fühlt sich wertlos, hilflos, entwurzelt.

Wir können uns unsere Selbstachtung gut als Schemel mit drei Beinen vorstellen. Diese drei Beine heißen:

1. Ich gehöre hier hin.
2. Ich bin wer.
3. Ich kann etwas.[3]

Ich gehöre hier hin — das heißt: Ich fühle mich geliebt, gewollt, erwünscht. Eine Frau schrieb mir, wie es ist, wenn man sich *nicht* angenommen fühlt:

> Ich bin 40 und habe neun Kinder. Mein Mann ging vor vier Jahren mit einer anderen Frau auf und davon; ich war gerade im ersten Monat schwanger mit meinen jetzt drei Jahre alten *Zwillingen*. Meine Familie hilft mir überhaupt nicht. . . . Meine älteren Kinder gehen mir aus dem Weg, weil ich unter Panikanfällen leide. Ich kann nicht mehr mein Auto fahren. Ich verlasse nicht meine Wohnung, aus Angst, daß ich unterwegs die nächste Panikattacke bekomme und nicht mehr zurückfinde. Meine Verwandten glauben, ich sei verrückt, und wenn ich nicht bald Hilfe bekomme, werde ich das auch! HILFE!

Wohl die meisten von uns haben sich schon einmal wie diese Frau gefühlt. Als ich erfuhr, daß Larry schwul war, fühlte ich mich wie ein Mensch von einem anderen Stern, völlig isoliert vom Rest der Welt. Mein Selbstwertgefühl war ruiniert. Aber es hat auch andere Zeiten gegeben, wo mein Ego ein paar gehörige Schrammen abbekam, wenn auch nicht ganz so schlimm und manchmal sogar auf die komische Art.

Als mein erstes Buch, über den Streß des Mutterseins (*Where Does a Mother Go to Resign?*), herauskam, wußte ich noch nicht, wie man sich als Autor zu benehmen hat. Wenn wildfremde Frauen auf mich zustürzten, mich mit heißen Dankesworten umarmten und mich baten, »ihr« Buch zu signieren, stand ich ratlos da. Sollte ich nur ihren und meinen Namen hineinschreiben oder noch einen Bibelvers oder etwas fürs religiöse Poesiealbum? Tausend Probleme ...

Das Buch war erst ein paar Wochen auf dem Markt, als ich einen großen christlichen Buchladen betrat, um einige Einkäufe zu machen. Ich blätterte in diversen Büchern, und siehe da, ihre Autoren hatten sie auf dem Vorsatzblatt signiert. Aha, die waren sicher auch hier gewesen und hatten kurzerhand ihre Bücher signiert, damit die Käufer etwas Persönliches mit nach Hause nehmen konnten.

Und dann sah ich es, das Regal mit den »Neuerscheinungen«. MEIN Buch, ein ganzer Stapel! Und ich zückte meinen Kugelschreiber und begann, die Bücher zu signieren. Da würden meine Käufer sich aber freuen ...

Plötzlich legte sich eine Hand auf meine Schulter, und eine strenge Stimme sagte: »Meine Dame, in diesem Laden darf man nichts in die Bücher schmieren!«

Ich sah den großen, sehr ernst dreinblickenden jungen Mann an. Was jetzt? Sollte ich ihm meinen Personalausweis zeigen? Oder wütend ein ganzes Buch vollkritzeln? Oder lieber im Erdboden versinken? Um Himmels willen, ich war eine frischgebackene Autorin, und dies war eine der führenden christlichen Buchhandlungen, was konnte da alles passieren, wenn ich eine Szene machte? Und ich schlich mich still davon. Halb hatte ich Angst, der junge Mann würde die Polizei hinter mir herschikken. Ich war nicht erwünscht in diesem Laden!

Ich bin wer — das heißt: Ich habe einen Wert, ich zähle, ich tue das Richtige, ich bin ein brauchbares Glied der Gesellschaft. Hier ein Brief, der zeigt, wie das ist, wenn einem signalisiert wird: *Du bist ein Versager:*

> Als Familie mit einer lesbischen Tochter sind wir durch ein Wechselbad der Gefühle hindurchgegangen. . . . Wir wohnen auf dem Land, in einem Ort mit drei Kirchen, wo jeder jeden kennt. . . . Sie können sich vielleicht vorstellen, was passierte, als wir von der Homosexualität unserer Cindy erfuhren!
> Einmal kam ein Evangelist in unsere Gemeinde, der sagte: »Wenn ein Kind, egal ob Junge oder Mädchen, homosexuell wird, dann hat IMMER die Mutter Schuld!« Das war genau der Satz, der mir noch gefehlt hatte . . .

Die ebenso unbedachten wie falschen Worte dieses Evangelisten waren ein Tiefschlag für diese Mutter. Ich schrieb ihr zurück und machte ihr klar, daß die Homosexualität ihrer Tochter NICHT IHRE SCHULD war. Immer wieder muß ich Eltern versichern, daß sie sich nicht schuldig zu fühlen brauchen, wenn ihre Kinder Probleme haben oder auf falsche Wege kommen. (Mehr darüber in Kapitel 8.)

Und *Ich kann etwas* — das bedeutet, daß ich es schaffen werde, egal, was das Leben mir bringen mag. Ich kann, ich will, ich werde. Eine Mutter, deren Sohn seinen schwulen Liebhaber »geheiratet« hatte und außer mehreren Ohrringen auch einen Nasenring trug, schrieb mir:

> Ich glaube, er könnte mir nicht noch mehr weh tun, wenn er mich mit Nagelschuhen treten oder mir ein Messer in den Bauch stoßen würde . . . Bitte, Barbara, sagen Sie etwas, das mir hilft, wieder Tritt zu fassen. Ich dachte, daß ich mich

eigentlich ganz gut schlug und anderen mit dem gleichen Problem helfen konnte, aber jetzt rutsche ich wieder in dieses Loch.

Ich schrieb dieser Mutter zurück, daß ihr Sohn, auch wenn er sich nicht so benahm, ein erwachsener Mann war und selber sein Leben leben mußte. Eltern können das Verhalten ihrer Kinder — vor allem ihrer erwachsenen Kinder — eben nicht immer ändern, und wir sollten die Sünde eines Kindes nicht den Rest der Familie zerreißen lassen. Der Sohn dieser Frau ging einen falschen Weg, sicher, aber das war nicht ihre Schuld! *Was ich nicht korrigieren kann, das muß ich auch nicht verantworten.* Diese Frau mußte lernen, dem Sog des Depressionslochs zu widerstehen.

Ich betete mit dieser Mutter. Gemeinsam baten wir Gott, sie durch ihr Tief hindurchzutragen. Jetzt schien ihr alles dunkel zu sein, aber sie würde wieder das Licht sehen, wenn sie nur das »Seil der Hoffnung« nicht losließ.

Ich glaube, für solche Fälle gilt der folgende Satz:

VERLETZTE VERLETZEN.

Der Sohn dieser Mutter hatte innerliche Wunden, und in seinem Schmerz versuchte er — was ganz typisch ist —, selber anderen Menschen weh zu tun. Verletzte verletzen — das Wissen darum kann uns barmherziger machen. Verdammungsworte helfen wenig. Menschen verändern sich nicht durch Schläge von außen, sondern durch Einsicht von innen.

DENKE HOCH VON DIR — ABER NICHT ZU HOCH

Einer der besten Bibelverse über die Selbstachtung ist Römer 12,3: »Schätzt euch nicht höher ein, als euch zukommt. Bleibt bescheiden, und maßt euch nicht etwas an, was über die Gaben hinausgeht, die Gott euch geschenkt hat« (Hoffnung für alle). Manche Christen ziehen aus diesem Satz den Schluß, daß Selbstachtung sozusagen Sünde sei und man gar nicht demütig genug sein könne, damit Jesus einen annimmt. Doch das steht hier eben *nicht*. Es heißt lediglich, daß wir — bei aller nötigen Selbstachtung — nicht hochfahrend oder egoistisch werden dürfen. Josh McDowell hat es so ausgedrückt: »Wir sollten in unserer Selbsteinschätzung realistisch und biblisch sein ... und ein gesundes Selbstbild entwickeln, das mit dem übereinstimmt, was Gott über uns sagt.« Und er fährt fort:

**EIN GESUNDES SELBSTBILD HEISST:
ICH SEHE MICH SO, WIE GOTT MICH SIEHT –
NICHT MEHR UND NICHT WENIGER.[4]**

Egal, was geschehen ist, egal, was Ihr Kind – oder Ihr Partner oder Ihre Verwandten oder Ihre Freunde – Ihnen angetan hat: *Sie sind nach wie vor Gottes Kind*, nach Seinem Bilde geschaffen und *wertvoll* in Seinen Augen. Sie sind ein Kind des Königs! Ein Gedicht, das mir jemand schickte, drückt dies sehr gut aus:

Wenn ein Gottes*kind*
liest Gottes *Wort*
und sieht Gottes *Sohn,*
wird es *verwandelt durch Gottes Geist*
hinein in Gottes *Bild,*
zu Gottes *Ehre.*

Einer meiner Lieblingssprüche ist: »Das Leben ist so lange hart, bis man stirbt.« Was doch eigentlich eine frohe Botschaft ist, denn mit dem Tod des Christen ist der Lebenskampf vorbei, und wir dürfen bei Gott sein. Aber der Grund für die ungenügende Selbstachtung so vieler Menschen ist wohl der andere Satz: »Das Leben ist hart, und leben müssen wir es trotzdem.« Wie Ashley Brilliant sagt:

**KOMMEN UND GEHEN IST EINFACH;
DAS SCHWERE IST DAS BLEIBEN.[5]**

Aber Leben heißt eben: bleiben, und Sie werden nie Ihr Selbstbild verbessern können, wenn Sie die Schuld dafür, wie Sie sich fühlen, immer nur »den Umständen« oder »den anderen« geben. Manche von uns geben ihren Eltern die Schuld, und es ist ohne Zweifel richtig, daß Mütter und Väter die Selbstachtung eines Kindes gründlicher ruinieren (und aufbauen!) können als alle anderen Menschen. Mein Ehemann, Bill, kann ein Lied davon singen.

WARUM BILL TROTZ ALLEM EIN AS WURDE

Vor ein paar Jahren besuchten Bill und ich ein »Kommunikationsseminar«. Eine der Übungen lautete: »Erinnern Sie sich an eine Szene, wo Ihr Vater Sie gelobt oder etwas Positives über Sie gesagt hat, und schreiben Sie es auf.« Ich brachte rasch gleich mehrere Beispiele zu Papier, aber Bill saß da und schaute auf sein leeres Blatt.

Ich wußte, was in ihm vorging. Er war als Einzelkind in einer sehr strengen Familie aufgewachsen. Vor allem sein Vater hatte ihm gegenüber nie irgendwelche Gefühle gezeigt. Als der Zweite Weltkrieg kam, wollte Bill Marineflieger werden. Sein Vater prophezeite ihm, daß er das niemals schaffen würde. Bill schaffte es mit Bravour. Er wurde ein »Flieger-As« – ein Titel, den man damals bekam, wenn man mindestens sechs Feindmaschinen abgeschossen hatte; Bill schaffte sieben. Zweimal wurde er mit dem Distinguished Flying Cross dekoriert, dazu mit der Purple Heart-Medaille und der Presidential Unit Citation-Tapferkeitsmedaille.

Aber gab sein Vater zu, daß er ihn falsch eingeschätzt hatte? Gratulierte er ihm? Mit keiner Silbe. Kein Wunder also, daß Bill vor seinem leeren Blatt saß und sich den Kopf zerbrach. Erst ganz zum Schluß brachte er ein paar Zeilen zu Papier:

> Als ich fünf war, fuhren wir einmal mit dem Auto. Ich saß hinten, mein Vater und Onkel vorne. Der Hut meines Onkels flog zum offenen Fenster hinaus, worauf er sich umdrehte, um mit mir zu schimpfen. Da sagte mein Vater: »Bill hat deinen Hut nicht rausgeworfen.«

Dies war die *einzige* Gelegenheit, an die Bill sich erinnern konnte, wo sein Vater ihn verteidigt oder etwas auch nur entfernt Positives über ihn gesagt hatte. Aber Bill ließ sich nicht unterkriegen von seinem unterkühlten Vater. Er machte etwas aus seinem Leben. Irgendwie wußte er: Ich bin, ich will, ich kann. Das war der Schlüssel seines Erfolgs.

Tatsache ist doch, daß jeder von uns etwas Besonderes ist, ein Unikat aus Gottes Meisterwerkstatt. Wie es so schön heißt:

DER LIEBE GOTT MACHT KEINEN SCHROTT.

GOTT IST NOCH NICHT FERTIG MIT UNS

Und Gott arbeitet weiter an uns — damit wir so werden, wie er uns haben will, damit wir seinen Willen tun.

Als Larry studierte, stellte ein Psychologiedozent in einem Seminar die folgende Aufgabe: »Stellen Sie sich nackt vor einen großen Wandspiegel und beurteilen Sie das, was Sie dort sehen.« Larry schrieb in seinem Bericht:

> Die Aufgabenstellung war für mich problematisch. Sie wörtlich zu befolgen, hätte meine innersten Überzeugungen verletzt, denn ich habe meinen Körper Jesus Christus geweiht. Doch habe ich das Aufgabenziel — die Selbstbewertung — im Auge behalten und möchte also berichten, was ich über mich selbst gelernt habe...
>
> Ich betrachte Gott als meinen Schöpfer. Er ist der Künstler, der in meinem Leben wirkt, und ihm geht es vor allem um meine inneren Qualitäten, um den Aufbau meines inneren Menschen. Die anderen sind bloße Passanten, die die Absichten und Fähigkeiten meines Schöpfers nicht kennen. Es ist nicht an mir, Gottes noch unvollendetes Werk zu beurteilen, und dies aus einem ganz einfachen Grund: GOTT IST NOCH NICHT FERTIG MIT MIR.
>
> Beschreiben ist eine Sache, beurteilen eine andere. Die in der Aufgabenstellung gewünschte Information wäre beides gewesen. Ich hätte meine Größe, Körperform und Beschaffenheit am Maßstab anderer gemessen...
>
> Ich habe festgestellt, daß ich, wenn ich die Werte der Menschen um mich herum annehme, zu einem NEGATIVEN Selbstbild komme — aber zu einem POSITIVEN und zutreffenden, wenn ich verstehe, wie Gott mein Äußeres, meine Fähigkeiten, meine Herkunft, meine Umgebung bewertet. Die Meinung der anderen führt nur zu Minderwertigkeit, Unsicherheit und Ablehnung. Da ich ganz auf Gottes Prinzipien und Werte baue, kann ich die Werte, die er in mein Leben gibt, verstehen und freudig annehmen, sehe ich doch, was aus einem Gefäß wird, das Gott sich selber formt...
>
> Was habe ich unternommen, um mich selber zu entdecken? Zweierlei: Ich begann mit einer persönlichen Beziehung zu Gott. Ich akzeptierte seinen Plan und Willen für mein Leben. Ich überließ ihm die ganze Konzeption und dankte ihm für die bisherige Ausführung. Ich erkannte, daß er noch nicht fertig war mit mir, und konnte mich neu auf das freuen, was er noch mit mir vorhat.

Ich danke Gott für seine beharrliche Liebe und für seinen Sohn, der starb, damit ich leben kann. Und am meisten danke ich für das Wissen, daß er mein Leben ständig in Arbeit hat. Er ist der Töpfer, ich der Ton. Er hat mein Leben entworfen, er ist sein Meistergestalter, und ER IST NOCH NICHT FERTIG MIT MIR.

Auf derselben Strasse

Larry bekam eine gute Note für seine Arbeit. Vielleicht hatte der Dozent gemerkt, daß das, was er da über sich geschrieben hatte, ja für uns alle gilt. In der Tat: Gott ist noch nicht fertig mit uns. Er hat noch viel an uns zu ändern und zu polieren, und er tut dies, weil wir ihm gehören, weil wir ihm unendlich wertvoll sind und weil er sieht, was aus uns werden kann.

Auf einer Reise in die US-Staaten Texas, Kentucky und Washington, die mich wieder mit vielen Leidens- und Freudensgenossinnen von Spatula Ministries zusammenbrachte, fuhr ich bei Spokane (Washington) die Bundesstraße 395 entlang. An der gleichen Straße, nur etliche hundert Meilen weiter südlich in Nevada, wohnt unser Jüngster, Barney, mit seiner Familie. Ich rief Barney an und sagte: »Du, ich bin hier oben auf der 395 — wir sind beide auf derselben Straße.« Er lachte und sagte: »Stimmt. Nur daß du weiter nördlich bist — näher zum Himmel, wie?«

Es war ein fröhlicher Besuch bei Barney. Und dann mußte ich denken: So ist das Leben ja wirklich. Wir sind *alle* auf derselben Straße, nur daß einige von uns schon weiter sind und die schwersten Wegstrecken hinter sich haben. Gott hat uns in seiner rettenden Liebe zusammengebracht, um uns zu vergeben, rein zu machen und dann auf unseren Weg zu schicken.

Wenn das nicht Futter für unsere Selbstachtung ist! ABER ... Wie war das noch mit der Theorie und der Praxis? Schön und gut, zu wissen, daß ich auf der gleichen Straße bin wie die anderen; aber was, wenn die anderen mich schier überfahren? Viele schöne, nette, superfähige Menschen sind, ohne es zu wollen, Weltmeister im Überfahren. Vielleicht finden auch Sie sich wieder in den folgenden Zeilen einer unbekannten Autorin:

Auch gefrustet?

Wenn ich von einer Frau lese, die in Beruf und Karriere voll
drauf ist, bin ich stolz — und esse zum Trost eine halbe
Schachtel Frustpralinen.
Wenn ich von einer Frau lese, die eine Traumehe mit dem rit-
terlichsten aller Männer hat, esse ich eine ganze Schachtel und
schreie den Spiegel an.
Wenn ich dann von einer lese, die drei perfekte Musterkinder
hat und regelmäßige Kaffeekränzchen mit ihrer liebevollen
Schwiegermutter, schreibe ich all meinen Frust auf meinen
Hut und fresse ihn. Diese Superfrau von einem anderen Stern
— es ist zum Kotzen!

Es mit einer »Idealfrau« aufnehmen zu wollen, die viel größere
Gaben (vielleicht aber auch viel schlimmere Probleme!) hat als
man selber, sollte man vielleicht besser sein lassen. Entfalten
wir lieber unser ganz persönliches Potential und lassen wir im
übrigen Gott in uns wirken. Gott will mit uns zusammenarbei-
ten — wußten Sie das schon?

Zu Beginn seines Briefes an die Christen in Philippi schreibt
Paulus: »Ich bin ganz sicher: Gott wird sein Werk, das er bei
euch angefangen hat, auch vollenden . . .« (Philipper 1, 6, Gute
Nachricht). Und später: »Deshalb lebt nun auch in Ehrfurcht
vor Gott und in ganzer Hingabe an ihn. Er selbst bewirkt ja beides in euch: den guten Willen und die Kraft, ihn auch auszu-
führen« (Philipper 2, 12-13, Hoffnung für alle). Diese Sätze
sind der Schlüssel zu einer gesunden (nicht egoistischen)
Selbstachtung: Wir sollen uns nicht in uns selber verschanzen —
wie damals ich nach der Sache mit Larry —, sondern uns Gott
zur Verfügung stellen. Als ich Gott sagte: »Mach du es, Herr!«,
übergab ich ihm nicht nur Larry, sondern auch die ganze Bürde
der Einsamkeit, mit der ich mich so lange abgeschleppt hatte.
An jenem Tag sang ich auf dem ganzen Rückweg nach Hause;
zum ersten Mal, seit Larry ausgezogen war, spürte ich, daß
Gott mich nach wie vor liebte.

Wir sind keine Diamanten, sondern Opale

Manchmal nennen wir Menschen, die große Fähigkeiten, aber
noch nicht ganz den richtigen Schliff haben, »Rohdiamanten«.

Aber ich glaube, wir sind nicht so sehr Diamanten, sondern eher Opale. Wußten Sie schon, daß ein Opal aus Wüstenstaub, Sand und Quarz besteht und seine Schönheit einem Defekt verdankt? Der Opal ist nämlich ein Stein mit zerbrochenem Herzen. Er ist voller winziger Risse, die Luft hineinlassen, welche dann von innen das Licht widerspiegelt. Das Ergebnis sind so zauberhafte Farbtöne, daß der Opal auch »Lampe des Feuers« genannt wird.

Bewahrt man einen Opal an einem kalten, dunklen Ort auf, verliert er seinen Glanz; aber er kommt sofort zurück, wenn man ihn in die warme Hand nimmt oder gegen das Licht hält.

Es ist erstaunlich, wieviel wir mit einem Opal gemeinsam haben. Wir bekommen Farbe und Glanz, wenn Gottes Liebe uns bescheint. Durch unser inneres Zerbrochensein können wir die herrlichen Farben seiner Liebe an andere weitergeben – und dann brennt Gottes Feuer hell in uns, ohne zu flackern oder auszugehen.

Aber so wie Silber oder Messing anlaufen kann, können auch wir diesen inneren Glanz in unserem Leben verlieren. Wie bekommen wir ihn dann wieder? Nun, wir können zum Beispiel unsere Morgenarbeit unterbrechen und Gottes Führung suchen. Oder wir zählen ganz bewußt auf, wofür wir alles dankbar sein können. Dankbarkeit ist das beste Reinigungsmittel gegen den für unser Selbstwertgefühl so zerstörerischen Schmutzfilm der Frustration, der Bitterkeit und der Eitelkeit. Dankbarkeit läßt die Seele wieder singen und unsere Lampe wieder hell brennen.

Wenn Gott nicht unsere Seele anrührt, so daß wir ihm dienen, wird es wenig Glanz und Freude in unserem Leben geben. Aber wenn wir ihn an uns arbeiten lassen, dann sind wir nicht länger ein vergrabener Schatz, dann werden wir strahlende Juwelen in seiner Krone.

Raus aus dem Dreck!

Es spricht sich leicht über Harmonie und Selbstachtung, wenn man gerade unter der Freudendusche steht. In der Schlammgrube der Minderwertigkeit singt man ein anderes Lied. Und es scheint unmöglich, aus der Grube herauszukommen, die Wände sind einfach zu rutschig. Aber wir können es schaffen –

wenn wir bereit sind, es zu versuchen und auf Gott zu trauen. Hier einige Tips. Es sind ganz einfache Gedanken, aber diese Gedanken sind wie Seile, die uns sicheren Halt an den Wänden der Grube geben, so daß wir hinausklettern und uns wieder so sehen können, wie Gott uns sieht.

Wir können immer etwas Neues lernen. Nein, ich meine nicht Nuklearphysik oder Computertechnik (es sei denn, Sie interessieren sich dafür). Ich meine viel einfachere Dinge: zum Beispiel neue Wörter lernen oder Bücher über ferne Länder lesen. Auf meinen vielen Reisen sammle ich mit Vorliebe originelle Städtenamen. Ich habe mir meine eigene »Freudenkarte« der USA angelegt – eine Landkarte, die nur die Namen von Städten zeigt, die irgendwie positiv, witzig oder anregend sind. (Mehr darüber in Kapitel 7.)

Je informierter man ist, um so lebendiger wird man sozusagen, auch gegenüber sich selbst. Und je mehr man seine Mitmenschen wahrnimmt, um so höher steigt das Selbstbewußtsein.

Suchen Sie nach Dingen, die Ihr Selbstbewußtsein aufbauen. Wie hieß noch das dritte Bein unseres Selbstachtungsschemels? »Ich kann etwas.« Wir können Selbstvertrauen an den unwahrscheinlichsten Orten finden, etwa in der Kosmetikabteilung mit ihren neuen Lippenstiften, beim Friseur oder in unserer Textilboutique.

Ich hole manchmal, wenn ich wieder einmal einen Schuß Selbstvertrauen brauche, einen alten Schuhkarton hervor – meine »Freudenbox« mit alten Bildern, Karten und Glückwünschen lieber Freundinnen und Freunde, von denen einige schon oben im Himmel angekommen sind. Jedesmal, wenn ich diese Karten und Bilder wieder sehe, bekomme ich neuen Auftrieb. Es ist gerade so, als hörte ich wieder die Stimmen dieser Freunde. Wir alle brauchen solche Menschen, die uns aufbauen, bereichern und uns als Freunde schätzen.

Meine besten Freundinnen nenne ich meine »Ermunterer«. Jeder von uns sollte vier oder fünf solche Ermunterer haben – Menschen, bei denen wir uns jederzeit aussprechen können. Schon aus dem Ton ihrer Stimme hören wir heraus, daß wir ihnen wert sind, daß sie mit uns mitfühlen. Ein Anruf bei einer dieser lieben Freundinnen gibt mir neue Zuversicht wie kaum etwas anderes.

Halten Sie sich an Menschen, die Sie aufbauen und nicht herabsetzen. Suchen Sie sich Freunde, die Sie akzeptieren und nicht versuchen, Sie klein zu machen, um sich selber größer zu fühlen. Wenn Ihr Ehepartner oder Ihre Kinder Sie herabsetzen, machen Sie ihnen fest, aber freundlich klar, daß Sie da nicht mitmachen. Wenn Ihre (Schwieger-)Mutter Sie langsam aber sicher ins Irrenhaus bringt, dann kümmern Sie sich angemessen um sie, aber lassen Sie nicht Ihr Leben von ihr beherrschen.

Suchen Sie Ihre Stärken, meiden Sie Ihre Schwächen. Jeder von uns kann etwas besonders gut, und wenn es Kreuzworträtsel sind oder Schleifenknoten. Wenn Sie keine Idealfigur haben, dann betonen Sie die Dinge, wo Sie mehr zu bieten haben — vielleicht Ihr Haar, Ihre Augen, Ihr Lächeln oder Ihre Hilfsbereitschaft. Entdecken Sie Ihre Spezialitäten und pflegen Sie sie täglich; dann werden Sie nicht so viel Zeit mit dem Beweinen Ihrer Schwächen verbringen.

Ich habe im Laufe der Jahre die Kunst erlernt, mit Menschen zu reden. Vor einigen Jahren, als ich als Telefonistin in einem Lebensberatungszentrum anfing, beherrschte ich diese Kunst noch nicht. Meine Aufgabe war, am Telefon mit neuen Klienten zu sprechen und ihren — manchmal wochenlangen — Aufenthalt im Beratungszentrum vorzubereiten. Ich notierte mir ihre Vorgeschichte und aktuellen Probleme, die Dringlichkeit des Falles und ob es angebracht war, daß der Ehepartner oder sonst jemand den Klienten begleitete.

Eines Tages rief ein Mann an, der sehr aufgeregt war und uns auf der Stelle seine Frau bringen wollte. Er beklagte heftig, daß man kein vernünftiges Wort mit ihr reden könne; als sie allen Rat, sich helfen zu lassen, in den Wind geschlagen hatte, habe er ihr schließlich in seiner Not den Kopf kahlgeschoren! Ich war so schockiert, daß ich murmelte: »Na, da wird Ihre Frau ja leicht zu erkennen sein!«

Es hat seine Zeit gebraucht, aber heute bin ich diplomatischer. Heute höre ich gerne anderen Menschen zu und lasse sie sich aussprechen. Es tut ihnen gut. Und mir.

WER ICH WIRKLICH BIN

Ein weiteres, was Sie für Ihre Selbstachtung tun können: Lesen Sie, was die Bibel über Sie sagt. Studieren Sie zwei Wochen lang jeden Tag je einen der folgenden »Ich«-Verse. Am Ende der zwei Wochen fangen Sie von vorne an — oder suchen Sie sich weitere Verse. Sie werden bemerken, wie diese Verse Ihnen in Fleisch und Blut übergehen und Ihnen gleichsam aus dem Badezimmerspiegel entgegenblicken.

1. Ich bin ein Kind Gottes (Römer 8,16).
2. Ich habe Gottes Vergebung (Kolosser 1,13-14).
3. Ich bin aus Gnade durch den Glauben gerettet (Epheser 2,8).
4. Ich bin von Gott gerecht gesprochen und angenommen (Römer 5,1).
5. Ich bin ein neuer Mensch geworden (2. Korinther 5,17).
6. Ich werde von Gottes Geist geleitet (Römer 8,14).
7. Ich werde von Gott behütet, wo ich auch gehe (Psalm 91,11).
8. Ich werfe alle meine Sorgen auf Jesus (1. Petrus 5,7).
9. Ich bin allem gewachsen, weil Christus mich stark macht (Philipper 4,13).
10. Ich nehme jeden Gedanken, der sich gegen Gott auflehnt, gefangen (2. Korinther 10,5).
11. Ich werde in meinem Innersten von Gott umgewandelt (Römer 12,1-2).
12. Ich bin um Christi willen freigesprochen (2. Korinther 5,21).
13. Ich nehme mir Jesus zum Vorbild (Epheser 5,1).
14. Ich habe Lachen im Mund und Jauchzen auf den Lippen (Hiob 8,21).

Kürzlich war ich im Studio der Fernsehgesellschaft NBC in Burbank (Kalifornien), um Aufnahmen für eine Fernsehshow über die Rolle der Frau in der heutigen Gesellschaft zu machen. Man führte mich in den Schminkraum, wo ich einige Minuten allein vor dem großen, grell beleuchteten Spiegel saß. An den Wänden waren Fotos alter und neuer Filmstars, aber die Mitte des Arrangements war das Schild direkt über dem Spiegel, das in großen schwarzen Lettern verkündete:

WENN DU MAKE-UP BRAUCHST, FRAGE MICH;
WENN DU EIN WUNDER BRAUCHST, FRAGE GOTT.

Wenn man in so einen Spiegel blickt, ist es immer gut, ein paar jener »Ich«-Verse parat zu haben.

WAGE ES — WERDE FREI!

Wer nicht wagt, der nicht gewinnt. Ohne Mut zum Risiko gibt es kein Herauskommen aus dem Schlammloch der Minderwertigkeit. Man kann es durchaus vorziehen, in dem Loch zu bleiben — es ist nicht schön dort, aber sicher. Oder aber wir haben den Mut zur Veränderung! Wie Helen Keller einmal sagte:

> DAS LEBEN IST ENTWEDER EIN GROSSES ABENTEUER ODER NICHTS.

Kürzlich schrieb mir eine Frau, deren mittlerweile erwachsene Söhne ihr nichts als Kummer gemacht hatten. Der eine lief von zu Hause fort, als er 14 war. Acht Jahre hörte sie nichts mehr von ihm, dann kam ein Anruf, daß er wegen bewaffneten Raubüberfalls eine 25jährige Gefängnisstrafe abzusitzen hatte. Der andere Sohn ist ein Alkoholiker, der alles im Stich gelassen hat und verschwunden ist; er wird mit Haftbefehl gesucht. Trotz all dem schreibt diese Frau:

> Ich habe ein elendes Leben hinter mir. Aber tief drinnen habe ich immer gewußt, daß Gott am Ruder sitzt und daß am Ende alles gut werden wird. Das ist kein Wunschdenken, das ist einfach wahr. Ich bin als mißhandeltes Kind aufgewachsen und hatte bis vor drei oder vier Jahren wenig Selbstachtung. Aber Freude hatte ich, selbst den bittersten Zeiten konnte ich ein Stück Humor abgewinnen. Manche Leute fanden das komisch, und solange ich ohne Jesus noch keine innere Kraft hatte, fand ich mich selber komisch. Aber jetzt bin ich frei! Wie herrlich ist es, im Licht zu stehen! Wenn ich jetzt Angst habe, hole ich tief und langsam Luft und sage: »Ich bin geborgen in Jesus.«

Diese Mutter hat einen entscheidenden Schlüssel zum Schutz ihres angeschlagenen Selbstbewußtseins entdeckt:

AUFSTEHEN UND WEITERGEHEN!

Dieses Prinzip gilt für Katastrophen jeder Größenordnung. Einmal mußte ich in einem großen Hotel in Texas sprechen, unter widrigsten Umständen. Im Nebensaal wurde zu sehr lauter Musik gefeiert, mein Mikrofon hatte einen Wackelkontakt, die Klimaanlage war mangelhaft, und die Stühle waren von der Art, in der man es höchstens 25 Minuten aushält. Ich schlug mich mehr schlecht als recht durch, mußte vieles auslassen und war nach der Hälfte der sonst üblichen Zeit fertig.

Als ich anschließend in der Damentoilette war, kamen drei meiner Zuhörerinnen hereingestürmt. Sie sprudelten über vor Begeisterung. Toll wäre mein Vortrag gewesen, super, zu Tränen und Lachen gleichzeitig rührend, aufbauend und segensreich, und so weiter. Am liebsten hätte ich sie alle drei umarmt, aber ich zog es vor, unsichtbar zu bleiben, bis sie wieder gingen. Sie würden es nie erfahren, was für einen Auftrieb ihre Worte mir gegeben hatten. Wie heißt es noch in Sprüche 12,25? »Sorgen drücken einen Menschen nieder; ein gutes Wort richtet ihn auf« (Gute Nachricht). Wohl wahr — vor allem, wenn man das Wort eher zufällig mithört!

Ich fühlte mich wie neugeboren damals. Die Anreise war also doch nicht umsonst gewesen; mindestens drei Zuhörerinnen hatte ich helfen können. Und ihre so ermutigenden Worte hatten meine Seelenscherben gekittet.

Aufstehen und weitergehen. Selbst wenn es scheint, daß die ganze Welt gegen mich ist. Was übrigens gar nicht stimmt; wie ein Psychiater seinem Patienten erklärte: »Die ganze Welt kann gar nicht gegen Sie sein; es gibt Millionen Menschen, denen Sie ganz egal sind.«

Aber denen, die mich wirklich lieben, bin ich nicht egal. Und schon gar nicht Gott. Wir alle haben Wunden in unserem Leben — körperliche, emotionale, geistige. Aber wir wissen: Gott kann all diese Wunden heilen; er kann die Scherben perfekt wieder zusammenkleben und uns ganz machen. Wissen, daß ich Gott nicht egal bin, mich so sehen, wie er mich sieht — das ist der Schlüssel.

DIES UND DAS

MANCHE DINGE ÄNDERN SICH NIE — ZUM BEISPIEL DER
GESCHMACK VON BRIEFMARKEN.

* * * * * *

SEI GUT ZU DIR

Sei Du Du selber — in Wahrheit.
Nimm Dich an — in Dankbarkeit.
Schätze Dich — in Freude.
Vergib Dir — ganz und gar.
Gönne Dir etwas — großzügig.
Bleibe im Gleichgewicht — harmonisch.
Segne Dich — aus dem Vollen.
Trau Dir etwas zu — ganz im Ernst.
Liebe Dich — von ganzem Herzen.
Werde fähig — durch Gebet.
Gib Dich hin — voll Begeisterung.
Teile Dich mit — strahlend.

(Verfasser unbekannt)

* * * * * *

DIE MEISTEN LEUTE ÄNDERN SICH NICHT,
WEIL SIE DAS LICHT SEHEN,
SONDERN WEIL IHNEN HEISS UNTER DEM HINTERN WIRD.

* * * * * *

Herr Jesus Christus, ich gebe Dir
alle Schlüssel meines kleinen Hauses,
das »Ich« heißt.
Der Eingangsflur gehört Dir schon,
und die Zimmer, in die jeder hineinsieht,
hast Du alle schon besucht.
Aber heute, Herr Jesus, lade ich Dich ein
in die verborgenen Kammern, die mir so lieb sind,
die kleinen, verschwiegenen, heimlichen Ecken.
Du sollst mein ganzes Haus besitzen — mein Herz.

(Verfasser unbekannt)

* * * * * *

SEI EINE PERSÖNLICHKEIT
UND KEIN CLOWN!

* * * * * *

KOPF HOCH!
MORGEN WIRD ES ANDERS SEIN ...
NICHT BESSER; ABER ANDERS!

* * * * * *

Was ist der Mensch, daß du seiner gedenkst,
und des Menschen Kind, daß du dich seiner annimmst?
Du hast ihn wenig niedriger gemacht als Gott,
mit Ehre und Herrlichkeit hast du ihn gekrönt.

(Psalm 8,5-6)

KAPITEL 5

STRESS, STRESS, STRESS!

Verlier nicht deinen Kopf im Kampf —
worauf willst du dann deinen Helm setzen?

Ein immer wiederkehrendes Thema in vielen Briefen, die ich
bekomme, ist STRESS. Ich mag den Witz mit der Frau, die sich
jedesmal, wenn ihr der Streß zu viel wird, ins Auto setzt und
wegfährt; sie soll inzwischen fünftausend Kilometer von zu
Hause weg sein.

Wir haben nicht alle das gleiche Leben und auch nicht den
gleichen Streß. Aus dem Nordwesten der USA bekam ich von
einer Leserin meines Buches »Freude ist die beste Medizin«
den folgenden Brief:

> Es tut mir leid, daß Ihre beiden ältesten Söhne umgekommen
> sind. Ich kann nur versuchen, das nachzufühlen, und ich hoffe
> und bete, daß ich so etwas nie selber durchmachen muß.
> Aber bei Ihrer Reaktion auf die Homosexualität Ihres dritten
> Sohnes, da muß ich Ihnen etwas widersprechen. Mein erster
> Gedanke war: »Mach's halblang, Lady!« So habe ich mich
> auch selber gefühlt, als ich mit dem Buch durch war.
> Ihr Sohn ist also schwul. Na und? Hat er jemand überfallen? Ist
> er wegen Einbruchs verhaftet worden? Hat er es mit Drogen
> und/oder Alkohol gehabt? Bei meinem Sohn war das alles
> schon. Hat er jemand umgebracht? Meiner hat. Es war ein
> Unfall, aber der andere Junge ist tot, und mein Sohn kam ins
> Gefängnis dafür. Und er hat das alles gebracht, bevor er sieb-
> zehn war.

Die Schreiberin erzählte mir weiter ihren vermischten Streß
der letzten beiden Jahre. Erst bekam ihr Mann Nierenkrebs,
mit Metastasen in der Lunge. Dann eröffnete ihre 14jährige
Tochter ihnen, daß sie schwanger war und das Kind zur Adop-
tion freigeben wollte. Später, im Herbst, wurde dem Mann die

linke Niere herausgenommen, und der Sohn, der auf Bewährung in eine betreute Wohngemeinschaft entlassen worden war, verlor seinen Arbeitsplatz. Als der Mann im Krankenhaus war, mußte die Frau täglich 250 Kilometer hin- und zurückfahren, um ihn zu besuchen. Später, als er wieder arbeiten konnte, mußten beide über 150 Kilometer zu ihren Arbeitsplätzen anfahren.

Der Sohn bekam eine neue Arbeitsstelle, die er ebenfalls verlor. Er zog zurück zu den Eltern. Dann wurde ihm sein Auto gestohlen und zu Schrott gefahren; den Ersatzwagen, den die Eltern ihm spendierten, fuhr er selber schrottreif, und in einem Monat belastete er ihre Tankstellen-Kreditkarte mit 850 Dollar. Immerhin machte die Krebsbehandlung des Mannes »gute

Fortschritte«, das Kind wurde geboren und der Sohn bekam einen neuen Job. Aber der Streß ging weiter:

> Streß – das ist, wenn der Arzt einem sagt: »Wenn die neue Therapie bei Ihrem Mann nicht anschlägt, können wir nichts mehr machen.« Oder wenn Ihr zwanzigjähriger Sohn Sie mitten in der Nacht anruft, weil er keinen Job und kein Geld mehr hat. Streß – das ist, wenn man nicht weiß, wie man die Rechnungen bezahlen soll, selbst wo der Mann wieder arbeiten kann – aber vielleicht kann er es eines Tages nicht mehr. Streß ist, wenn Sie Ihr erstes Enkelkind ganze zwei Minuten sehen und Angst haben, es in den Arm zu nehmen, weil Sie es dann vielleicht nie mehr loslassen könnten.

Ich mag diesen so realistischen Brief. Ich rief die Schreiberin an, und wir hatten ein gutes Gespräch. Es geht ihr jetzt besser, aber der Streß hört trotzdem nicht auf. Ja, er verschleißt uns, der ständige Streßkampf. Wie jemand einmal sagte:

HEUTZUTAGE
BRAUCHT MAN SCHON ALS NEUROTIKER
NERVEN WIE DRAHTSEILE.

Streß ist unser ständiger Begleiter. Wir müssen also lernen, mit ihm zu leben. Vielleicht kennen Sie die Karikatur, wo jemand über die Landstraße fährt und ein Schild sieht mit der Aufschrift: *Harte Zeiten auf 4 000 km.* Was etwas untertrieben ist, denn eigentlich müßte es heißen: *Harte Zeiten auf der gesamten Strecke.*

WIE UMGEHEN MIT STRESS?

Karol Jackowski, die Autorin des Buches *Mehr Spaß am Leben*, findet ein gemütliches heißes Bad nicht schlecht. Sie schreibt: »Je weiter wir unsere Grenzen ziehen, desto mehr brauchen wir Zuflucht – wir sind ja nicht Gott. Zu viel Unbegrenztheit ist einfach zu viel: eine unerträgliche Last. Genug ist genug. Niemand weiß besser als du selbst, wenn du eine Grenze erreicht oder überschritten hast. Wenn also endgültig genug ist, dann such dir einen Zufluchtsort, und komm nicht eher wieder, als du mußt.«[1]

Ich mag das folgende Streß-Gedicht von Jane Wagner:[2]

WARUM DEM ALLTAG ENTFLIEHEN

Der Alltag ist hauptverantwortlich
für Streß bei denen,
die damit zu tun haben.
In geringen Mengen kann ich Streß
vertragen. Wenn er
aber anfängt, mein Leben zu bestimmen,
treibt er mich in die Enge.
Er ist nämlich sehr fordernd.
Er erwartet von mir, daß ich die
ganze Zeit für ihn da bin,
und bei allem, was ich zu tun habe,
bleibt immer etwas liegen.
Seitdem ich
den Alltag auf Sparflamme gesetzt habe,
gibt es wieder Stunden voller Spaß
und
Schokoladenseiten.

DIE BEIDEN HAUPTMETHODEN

Viele Leser und Hörer schicken mir ihre Anti-Streß-Rezepte. Wenn ich mir diese Rezepte anschaue, sehe ich zwei Hauptmethoden, mit Streß umzugehen:

1. TU WAS. Sei effizient, setze Prioritäten, teile deine Zeit ein, usw.

2. TU NICHTS. Entspanne dich, laß los, laß Gott.

Manchmal muß man wirklich *aktiv werden*, um den Streß abzubauen. Ich weiß noch, wie es vor Jahren war, wenn meine Mutter aus dem fernen Michigan auf Besuch zu uns nach Kalifornien kam. Sie wollte sich dann immer nützlich machen, und mit besonderer Vorliebe räumte sie meine sämtlichen Küchenschränke um. Ich bin Linkshänderin, und Mutter sorgte treu wie ein Uhrwerk dafür, daß alles so zu stehen kam, wie das für Rechtshänder — wie sie selber — richtig war.

Wenn sie mit der Küche fertig war, fragte sie, ob wir sie nicht auch im Garten brauchten. Wir brauchten sie nicht, aber Bill, dem sie auch etwas auf die Nerven ging, sorgte immer für eine

Beschäftigungstherapie: Bevor er morgens um sieben zur Arbeit fuhr, ging er in den Garten und schüttelte unsere beiden Bäume. Die Nachbarn werden sich gefragt haben, was um alles in der Welt das sollte. Ich weiß nicht, ob wir sie je aufgeklärt haben, daß Bill Blätter für meine Mutter brauchte, zum Zusammenrechen.

Mutter wollte ständig helfen, koste es uns, was es wolle. Einmal, als sie uns wieder besuchte, war Barney, der damals noch klein war, schwer erkältet. Mutter bot sich an, bei ihm zu bleiben, während wir zur Kirche fuhren. Ich bat sie, bei Bedarf etwas Bronchialsalbe auf seine Brust aufzutragen, aber ja nicht einzureiben; diese Salbe durfte nicht eingerieben werden. Mutter wußte es, wie so viele Großmütter, natürlich besser und massierte das Zeug voll Energie in den Jungen ein: Brust, Hals, Gesicht, Ohren, alles. Als wir von dem Gottesdienst zurückkamen, war Barneys Gesicht halb zugeschwollen, seine Ohren brannten, die Brust qualmte schon fast. Oma hatte es sooo gut gemeint – aber halt nicht gut zugehört.

THUNFISCHSALAT À LA SUÉDOIS

Ein weiteres Anti-Streß-Mittel heißt Flexibilität. Eine Menge Streß entsteht doch, weil wir es nicht fertigbringen, unsere Pläne zu ändern, unser Pensum zu kürzen, usw. Aber manchmal zwingt der Streß uns richtig, flexibel zu werden, weil es anders nicht mehr geht.

Vor einigen Jahren hatten wir eine Zeitlang Helga, ein Mädchen aus Schweden, zu Gast. Ihre amerikanischen Verwandten hatten sie uns »ausgeliehen«, als Haushaltshilfe und zum Englischlernen. Fast ein Jahr war Helga bei uns, und wir zeigten ihr gerne, was Kalifornien an Sehenswürdigkeiten zu bieten hat. Ihr Englisch machte langsam, aber sicher Fortschritte – aber nur beim Sprechen, noch nicht beim Lesen.

Eines Tages hatte ich zwanzig Frauen zu einem gemütlichen Mittagessen plus Polterabend zu Ehren einer werdenden Ehefrau eingeladen. Während ich die Tischdekorationen einkaufte, sollte Helga zu Hause den Thunfischsalat anrichten, das Hauptgericht für unser Mittagsbüffet. Der eigentliche Salat – Thunfisch mit hartgekochten Eiern und Oliven – sollte auf einem kunstvoll angeordneten Bett aus Salatblättern, auseinandergeschnittenen Radieschen und Möhren und Selleriestangen ruhen; Helga war eine Meisterin in solchen Kreationen.

Als ich mit meinen Tischdekorationen nach Hause kam, begrüßte mich ein atemberaubender Gestank. Ich stürzte in die Küche. Auf der Theke standen in Reih und Glied die hoch appetitlich zubereiteten Salatplatten. Aber, oh, der Geruch . . .

Ich hob einen der Teller hoch, schnupperte mutig daran und war im Bilde. Ich schaute in den Abfalleimer. Richtig: Über ein Dutzend leere *Katzenfutter*dosen. Natürlich, auf den Dosen war ein kleiner Fisch abgebildet, und Helga, die noch kein Englisch lesen konnte, hatte nichts Böses ahnend für den gesamten Salat das Katzenfutter genommen. Sie konnte zu Recht stolz sein auf ihre Kreationen; sie verdienten einen Künstlerpreis. Einen anrüchigen.

Und in zehn Minuten würden meine zwanzig Gäste kommen. Wenn das kein Streß war! Ich improvisierte eine Rettungsaktion: Wir gingen alle in eine Cafeteria und ließen derweil das Haus vom ersten bis zum letzten Fenster durchlüften. Etwas Katzenfuttergeruch war immer noch da, als später die Braut ihre Geschenke öffnete, aber wir konnten fröhlich darüber lachen. Es war ein Polterabend von der Art, die man nie vergißt; er hat mir gezeigt, wie wichtig es ist, unter Streß flexibel sein zu können.

SCHACH DEM STRESS — KONKRET

Hier sind zwanzig Tips zur »aktiven« Streßbewältigung und ebenfalls zwanzig Vorschläge von der »Immer-mit-der-Ruhe«-Sorte.

AKTIV GEGEN STRESS: 20 TIPS

*Morgens 15 Minuten eher aufstehen — *Schon am Abend den nächsten Morgen vorbereiten — *Termine planen — *Zweitschlüssel zur Hand haben — *Wichtige Papiere kopieren — *Reparaturen sofort erledigen — *Sich bei lästigen Arbeiten helfen lassen — *Sich Ziele setzen — *Schlechte Angewohnheiten aufgeben — *Jemanden haben, bei dem man sich abreagieren kann — *Etwas nicht länger aufschieben — *Einen Baum pflanzen — *Die Vögel füttern — *Aufstehen und sich recken — *Einen Witz auswendig lernen — *Jeden Tag Ausgleichssport machen — *Ein neues Lied lernen — *Zeitig zur Arbeit gehen — *Einen Schrank aufräumen — *Einem Freund einen Brief schreiben.[3]

ENTSPANNT GEGEN STRESS: 20 TIPS

*Ein Baby kitzeln — *Eine liebe Katze/Hund streicheln — *Nicht alle Antworten wissen — *Nach dem Silberstreifen am Horizont ausschauen — *Jemandem etwas Nettes sagen — *Mit einem Kind Drachensteigen üben — *Einen Spaziergang im Regen machen — *Sich täglich Zeit zum Spielen nehmen — *Ein heißes Bad nehmen — *Ein Gedicht lesen — *Eine Sinfonie hören — *Mit einem Kleinkind Sandkuchen backen — *Auf einem anderen Weg zur Arbeit fahren — *Daran denken, daß Streß Einstellungssache ist — *Sich erinnern, daß man immer eine Wahl hat — *Oasen der Ruhe haben: Menschen, Orte, Zeiten — *Aufhören, andere Menschen »geradebiegen« zu wollen — *Genügend schlafen — *Weniger reden, mehr zuhören — *Sich nicht für den morgigen Tag sorgen; das ganze Leben liegt noch vor mir.[4]

Damoklesschwert Diabetes

Mein neuester »Streßbegleiter« heißt Diabetes, und ich versuche, ihn sowohl auf die »aktive« wie auf die »passive« Art in den Griff zu kriegen. Der Gesunde kann sich kaum vorstellen, wie sehr Diabetes haben an Arbeit grenzt. Als ich vor ein paar Jahren meine erste Diabetes-Diagnose bekam, fragte ich meinen Doktor: »Kann man das wegkriegen?«

»Nein, das werden Sie für den Rest Ihres Lebens haben.«

»Soll das heißen, daß das unheilbar ist?«

»So ist es«, sagte mein Arzt. »Und wahrscheinlich wird es im Laufe der Zeit schlimmer. Ihre Bauchspeicheldrüse arbeitet nicht mehr richtig. Sie werden Ihren ganzen Lebensstil ändern müssen.«

Den Lebensstil ändern – das heißt konkret Diät und nochmals Diät, Ausgleichssport und »Streß vermeiden«. Jeden Tag mehrmals ein Loch in den Finger pieksen, um den Blutzuckergehalt zu testen. Jeden Tag brav seine Kalorien zählen und aufpassen, daß man ja nicht aus Versehen etwas Verbotenes ißt. Pausenlos kontrollieren und regulieren und die ganze Zeit hoffen, daß einem die möglichen Komplikationen – Blindheit, Amputationen, Nierenversagen, Taubheit in den Füßen und Sonstiges – erspart bleiben.

Das folgende Gedicht gibt ein gutes Bild vom Streß des Diabetikers:

Der Arzt sagt:
Ihre Zellen sind nicht gesund.
Auch nicht die Kapillaren und das Blut.
Nun ja, vielleicht nicht gerade krank,
aber jedenfalls nicht normal.

Der Arzt sagt: Ein paar Lebensjährchen
kostet das schon.
Ach ja: Und Kinder kriegen besser nicht.
Vielleicht – aber das sagt kein lieber Arzt –
zur Vorsicht sich sterilisieren lassen.

Der Arzt sagt: Überwachen Sie sich ständig.
Und die Leute fragen:
Was bist du auf einmal so pingelig?

Doch, leben Sie nur ruhig ganz normal,
achten Sie bloß auf Ihren Zucker
und auf Urin, Salz, Essen, Ausgleichssport,
Füße, Terminkalender und den Streß.
24 Stunden am Tag,
7 Tage in der Woche,
365 Tage pro Jahr ...
So ist das also, wenn
der Arzt sagt: Sie haben Zucker!

Was soll ich
dazu sagen?
Der Doktor hat seine Statistiken,
und ich muß mein Leben leben,
mein Leben ganz privat.

Ich sage mir:
Ich tue dies und lasse das
und passe auf mein Leben auf, jawohl,
auch wo er »Falsch!« ruft.

Ich sage mir,
daß diese sogenannte Last
auch ein Geschenk ist, zur Erinnerung,
wie kostbar jeder Tag sein kann —
ich werde leben, bis ich sterbe.

Denn das möchte ich nicht vergessen:
daß ich ein Mensch bin.

(Ernest Lowe)[5]

BIBLISCHE VOLLREINIGUNG

Wissen, daß man Diabetes hat, ist Streß, jawohl. Dauernd die
Frage: Habe ich heute auch nicht zehn Gramm zu viel von diesem oder fünf Gramm zu wenig von jenem gegessen? Ich muß
oft lächeln, wenn mein Arzt mir rät: »Vermeiden Sie Streß.«
Jede kleine Aufregung, und nicht nur der Blutdruck, sondern
auch der Zucker schnellt hoch.

Nun gut, ich versuche, Auseinandersetzungen aus dem Weg zu gehen und einfach den Menschen zu helfen. Aber der Streß bei Spatula Ministries hat einen im Griff. Ständig klingelt das Telefon, kommen neue verzweifelte Briefe an. Zum Glück hält der Streß am Telefon sich in Grenzen, vielleicht weil meine Gesprächspartner das Reden und Weinen übernehmen und ich nur zuzuhören brauche.

Schlimmer sind da schon die monatlichen Besprechungen. Wenn fünfzig bis sechzig Personen im gleichen Raum sitzen und ihren Dampf ablassen, kann das *sehr* stressig sein! Dann noch die »Nachgespräche«, die noch einmal Stunden dauern können. Manchmal fragen die Leute mich, wie ich das alles schaffe und an welcher Zapfsäule ich innerlich auftanke.

Eine meiner Lieblingsentspannungsmethoden ist ein warmes Bad mit christlicher Musik aus dem Kassettenrecorder.

Diese Kombination von Musik und Wasser ist die beste Medizin für mich. Ich besitze auch etliche Videos, die herrliche Landschaften zeigen, während ein Sprecher Bibelstellen wie Jesaja 26,3 vorliest: »Wer festen Herzens ist, dem bewahrst du Frieden; denn er verläßt sich auf dich.«

Durch diese Musik- und Filmkassetten lasse ich Gottes Wort in mich hinein, um mich von dem Streßschmutz meines Alltags zu reinigen. Ich erlebe die Bibel wie ein reinigendes Bad für Geist und Seele. Wie es in Hesekiel 36,25 heißt: »Ich will reines Wasser über euch sprengen, daß ihr rein werdet; von aller Unreinheit und von allen euren Götzen will ich euch reinigen.«

Kürzlich saß ich bis zwei Uhr nachts auf einem Restaurantparkplatz in meinem Auto, um einem AIDSkranken jungen Mann bei der Planung seiner Beerdigung zu helfen. Er brauchte jemanden, mit dem er über das Thema reden konnte; seine Eltern brachten es nicht fertig. Ich fühlte mich gestreßt, als ich ihm zuhörte, aber auch geehrt, daß er mir so vertraute. Als ich endlich wieder zu Hause war, sah ich mir ein Bibel-Video an und spürte, wie Gottes Wort mich neu mit Freude füllte.

Ich sage in meinen Vorträgen immer: »Ihr denkt vielleicht: ›Jetzt hab ich es geschafft‹ — und dann kommt prompt etwas, das euch daran erinnert, daß ihr es eben *nie* geschafft habt, egal wie alt oder erfahren ihr seid. Je älter wir werden, um so mehr merken wir doch: Hast du eine Wand repariert, stürzt prompt die nächste ein, ob es nun unsere Gesundheit ist oder seelische Probleme oder was auch immer. *Wir müssen das Leben so nehmen, wie es kommt.* Wir werden es nie fertigbringen, daß alle unsere Wände gleichzeitig stehen — jedenfalls nicht auf dieser Erde.«

Wir leben in einer zerbrochenen Welt. Wie richtig ist doch der Rat in Sprüche 3,5-6:

> Verlaß dich auf den Herrn von ganzem Herzen,
> und verlaß dich nicht auf deinen Verstand,
> sondern gedenke an ihn in allen deinen Wegen,
> so wird er dich recht führen.

Der Streß ist unser ständiger Begleiter. Aber Gott auch — und er ist stärker!

WAHRE SPRÜCHE

Grübeln heißt: Heute deine Zeit vergeuden,
um die Gelegenheiten von morgen
mit den Sorgen von gestern zu blockieren.

* * * * * *

NÄCHSTE WOCHE KEINE KRISE;
MEIN TERMINKALENDER IST VOLL.

* * * * * *

»Laß dich nicht von kleinen Dingen unterkriegen!« —
»Hast du schon mal mit einer Mücke im selben Zimmer
geschlafen?«

* * * * * *

WENN DU JEDES PROBLEM ALS LEBENSWICHTIG
ANSIEHST,
WIRST DU OFT STERBEN.

* * * * * *

Wir kreuzigen uns zwischen zwei Räubern:
Der Reue über gestern
und der Angst von morgen.

* * * * * *

NICHTS IST UNMÖGLICH,
WENN MAN ES NICHT SELBST ZU TUN BRAUCHT.

* * * * * *

Sorgen mache ich mir erst,
wenn die Tiere Schlange stehen
vor der nächsten Weltraumfähre.

* * * * * *

Wie oft betrachten wir nicht Gott als unsere letzte und schwächste Rettung. Wir gehen zu Ihm, weil uns nichts anderes übrigbleibt. Und dann erkennen wir, daß die Stürme des Lebens uns nicht auf die Klippen getrieben haben, sondern in den ersehnten Hafen.

(George MacDonald)

* * * * * *

ES WIRD SCHON WERDEN —
ABER MANCHMAL BRAUCHT MAN STARKE NERVEN
BEIM BLOSSEN ZUSCHAUEN.

* * * * * *

GOTTVERTRAUEN GIBT
GUTE AUSSICHTEN,
TIEFE EINSICHTEN,
ECHTEN DURCHBLICK
UND EINE HERRLICHE ZUKUNFT.

* * * * * *

Macht euch keine Sorgen! Ihr dürft Gott um alles bitten. Sagt ihm, was euch fehlt, und dankt ihm! (Philipper 4, 6, Hoffnung für alle)

KAPITEL 6

LACHEN STECKT AN —
WEINEN MACHT NASS

Spaß macht Spaß.

Liebe Barbara,
ich bekam Ihr Buch als Muttertagsgeschenk. Ich hatte jahrelang kein Buch mehr gelesen, aber dieses ist so gut, daß ich es gleich durchlesen mußte. Ich habe dabei zum ersten Mal seit sieben Jahren wieder gelacht — wußte schon fast nicht mehr, wie das geht.

* * * * * *

Liebe Barbara und Bill,
ich bin zwar alleinstehend und ohne Kinder, aber wie Sie mit Ihren Problemen fertiggeworden sind, das hat mir richtig Mut gemacht. Und welchen Humor Sie haben! Lachen ist doch die beste Medizin.

* * * * * *

Liebe Spatula Ministries,
mein Leben ist das reinste Chaos — Kummer, Schmerz, alles. Ich dachte, ich könnte das nie rauslassen, es ist einfach so viel ... Ich bin mir wie eine christliche »Mißgeburt« vorgekommen. Dann habe ich Ihr Buch gekauft — und gelacht wie seit drei Jahren nicht mehr. Und geheult, bis der Kummer rausgespült war. Danke, daß Sie mir ein Hoffnungslicht gegeben haben.

* * * * * *

Liebe Barbara,
Ihr Buch kam mir gerade rechtzeitig in die Finger. Was habe ich gelacht beim Lesen! Es gibt doch nichts Besseres, als wenn man so richtig herzhaft lachen kann. Danke!

* * * * * *

Diese Briefe illustrieren etwas, was Gott schon vor Tausenden von Jahren sagte: »Ein fröhliches Herz tut dem Leibe wohl; aber ein betrübtes Gemüt läßt das Gebein verdorren« (Sprüche 17,22). Kürzlich konnte ich auf einer Frauenfreizeit wieder meine Geschichte erzählen. Anschließend füllten die Teilnehmerinnen einen Fragebogen darüber aus, wie ihnen das Wochenende gefallen hatte. Ein Satz kam immer wieder vor: »Ich mochte den Humor und daß man so viel lachen konnte.« Diese Reaktion erlebe ich immer wieder. Ja, die Menschen lachen gern – und das aus guten Gründen.

LACHEN ALS MEDIZIN

Jemand hat einmal gesagt, daß die drei besten Ärzte der Welt Dr. Diät, Dr. Ruhe und Dr. Fröhlich heißen. Lachen ist nachweislich gesund für den Körper. Es trainiert Lunge und Kreislauf. Wenn man lacht, wird der Körper sozusagen von innen massiert. Lachen – das ist wie seelisches Jogging. Inzwischen bieten manche Krankenhäuser »Lachtraining« an, und viele Ärzte »verschreiben« ihren Patienten Fröhlichkeit. Es gibt Kliniken, die ihren Patienten Fernsehkomödien und Komikshows zeigen, und in einem katholischen Krankenhaus in Texas erzählen die Nonnen den Patienten täglich mindestens eine lustige Geschichte.[1]

Der Amerikaner Norman Cousins schrieb ein Buch über seinen Kampf mit einer unheilbaren und äußerst schmerzhaften Krankheit. Das Kollagen in seinem Körper – d.h. das »Gerüsteiweiß« in seinem Bindegewebe – begann zu degenerieren und sich aufzulösen. Unter seiner Haut bildeten sich granulatartige Knoten, und er konnte Kopf und Gliedmaßen nur noch mit Mühe bewegen. Die Ärzte gaben ihm eine Heilungschance von 1:500.

Mit Billigung seines Hausarztes begann Cousins schließlich, sich selbst zu behandeln: mit Vollwertkost, Vitaminpräparaten (vor allem Vitamin C) und – einer »Lachtherapie«. Da er sich nicht sicher war, ob die anderen Patienten im Krankenhaus seine Therapie gut finden würden, zog er in ein Hotelzimmer um. Sein Hauptgepäck: Videos mit Szenen berühmter Komiker, Zeichentrickfilmen, Lachparaden und allem, was komisch war. Einen Film nach dem anderen zog er sich hinein, und mit der Zeit entwickelte er so etwas wie eine Dosierung: Wenn er zehn Minuten lang schallend lachte, war er anschließend zwei Stunden lang schmerzfrei. Zum blanken Erstaunen seiner Ärzte wurde er vollständig gesund.[2]

Lachen tut nicht weh

Die Experten sagen, daß Lachen gut gegen Schmerzen ist, und das gleich vierfach: Es lenkt uns ab, es macht uns weniger verspannt, es ändert unsere Erwartungen, und es regt die Produktion der Endorphine an — körpereigener Substanzen, die Schmerzen blockieren.[3]

1. Lachen lenkt unsere Gedanken so ab, daß der Schmerz bis zu einem gewissen Grade betäubt wird. Wir spüren ihn weniger, weil unsere Aufmerksamkeit woanders ist.

2. Wir alle wissen auch, wie Sorgen, Angst und Streß die Muskulatur in Kopf und Nacken verspannen können. Lachen dagegen reduziert Muskelspannungen. Es sind Fälle bekannt, wo es die Kopfschmerztablette ersetzt hat.

3. Lachen kann unsere Erwartungen und damit unsere Einstellung ändern. Es wirkt wie ein Stoßdämpfer, der die Schocks des Lebens abfedert. Laut Dr. David Bresler, Leiter der Abteilung für Schmerzforschung an der University of California in Los Angeles, sind chronische Schmerzen die häufigste, teuerste und folgenschwerste Krankheit in den USA, jedoch könne man durch eine veränderte Einstellung viele Schmerzen eliminieren. »Fast alle chronisch Schmerzkranken«, so Bresler, »sind auch depressiv. Ihnen tut nicht nur der Rücken weh, sondern ihr ganzes Leben.«[4] Mit anderen Worten: Es besteht eine direkte Beziehung zwischen unserer Einstellung zum Leben und unserer Schmerzempfindlichkeit. Lachen und Humor sind mit einer positiven Einstellung und dem Willen, es zu schaffen, gekoppelt.

4. Man könnte das Lachen ein Beruhigungsmittel ohne Nebenwirkungen nennen. Die beim Lachen von der Hypophyse ausgeschütteten Endorphine sind »chemische Vettern« von Drogen wie Heroin und Morphin.[5] Je mehr wir lachen, um so höher wird der Endorphinspiegel im Gehirn und um so geringer die Schmerzwahrnehmung. Lachen läßt unseren Körper sein eigenes Betäubungsmittel produzieren!

Lachen ist auch ein hervorragender Fitmacher. Ein Professor der Universität Stanford hat entdeckt, daß Lachen ähnlich positiv wirkt wie Jogging, Schwimmen oder Rudern. Dr. William Fry konnte zeigen, daß Lachen das Herz schneller schlagen läßt, den Kreislauf verbessert und die Gesichts- und Bauchmuskulatur trainiert. Er stellte fest, daß er durch zehn Sekunden herzhaftes Lachen seinen Puls genauso hoch bringen konnte wie durch zehn Minuten kräftiges Rudern. Er schätzt, daß hundertmal Lachen pro Tag den gleichen Effekt hat wie zehn Minuten Rudern auf einem Heimtrainer.[6]

LACHEN IST GUT FÜR DIE SEELE

Lachen tut nicht nur dem Körper gut, sondern auch der Seele. Psychologisch gesehen, ist die Fähigkeit, das Komische in einer Situation zu sehen, ebenso wichtig wie das Lachen selber. Sinn für Humor hilft uns, Unattraktives zu übersehen, Unangenehmes zu ertragen, mit dem Unerwarteten fertig zu werden und selbst in unerträglichen Situationen zu lächeln. Echter Sinn für Humor ist die Balancierstange auf dem Hochseil des Lebens und eine große Hilfe, wenn wir in den nächsten unvermeidlichen Kuhfladen des Lebens treten. Ich mag diesen Spruch:

> WER NUR FÜNF SINNE HAT,
> HAT KEINEN FÜR HUMOR.

Sinn für Humor haben bedeutet nicht, über alles und jedes zu lachen. Der Mensch mit Humor erfindet nicht pausenlos Witze; aber er sieht die, die das Leben selber macht. Er sieht nicht nur die ernste, sondern auch die komische Seite.

Eine Freundin von mir, die Familientherapeutin Marilyn Meberg, sagt, daß viele Menschen sich selbst viel zu ernst nehmen. Sie sind so auf ihr Image bedacht, daß sie jede Menge Spaß verpassen. Auf einer Wochenendkonferenz sagte Marilyn: »Das Leben beschert uns Situationen, wo wir zunächst einmal hilflos dastehen. Aber wenn wir dann über die Situation und über uns selber lachen können, bekommen wir die Initiative zurück. Sobald ich die Umstände umdrehe und das Komische an ihnen entdecke, können sie mich nicht mehr beherrschen. Ich behaupte, daß es viele, viele Gelegenheiten in unserem Alltagsleben gibt, wo wir die Situation einfach umdrehen und lachen können. Lachen Sie die Situation aus, lachen Sie sich selber aus, und Sie werden entdecken: Jetzt beherrschen Sie die Situation, und nicht umgekehrt.«[7]

Was mich an einen anderen wahren Spruch erinnert:

WER ÜBER SICH SELBST LACHEN KANN,
HAT IMMER WAS ZU LACHEN.

Ich glaube, wenn wir unsere Probleme einteilen in solche, die schnell gelöst werden können, und solche, bei denen das nicht geht, werden wir schon ein ganzes Stück gelassener gegenüber Dingen, die wir nicht ändern können. Humor ist Gottes Waffe gegen Sorgen und Angst. Sie wissen doch:

ANGST IST DIE DUNKELKAMMER,
IN DER NEGATIVE ENTWICKELT WERDEN.

Oder wie Hiob so weise sagt: »Denn was ich gefürchtet habe, ist über mich gekommen, und wovor mir graute, hat mich getroffen« (Hiob 3,25). Negative Gedanken zeugen negative Erfahrungen, und positive Gedanken führen zu positiven Erfahrungen. Wer lachen kann, der kann überleben und auf die Füße fallen. Wer nicht lachen kann, der bleibt im Schlammloch der Verzweiflung.

Jemand hat einmal gesagt, daß unser Tag so verläuft wie die Kurve unseres Mundes. Das Leben ist ein Spiegel: Blicken wir finster hinein, blickt es finster zurück, lächeln wir, lächelt es zurück. Zu Weihnachten erinnere ich mich gerne daran, daß der beste Festschmuck ein Lächeln ist.

Lachen hilft auch zur Nächstenliebe. In seinem Bestseller *Loving Each Other* sagt Leo Buscaglia: »Liebesbande knüpfen sich leicht in einer Umgebung der Freude. Wenn wir zusammen lachen, umgehen wir die Schranken von Verstand und Logik wie ein Clown. Wir sprechen dieselbe Sprache, fühlen uns einander näher.«[8]

Sich einander fröhlich mitteilen schafft eine Gemeinschaft der Liebe — auf Griechisch *koinonia*. Sich gegenseitig bejammern dagegen hilft überhaupt nichts. Wer von uns hat nicht schon erlebt, wie durch Liebe und Humor Spannungen sich lösten? In unseren Spatula-Sitzungen erleben wir das ständig. Da sitzen Menschen mit furchtbaren Schmerzen, mit tiefen seelischen Abszessen, die dringend geöffnet werden müssen. Manchmal sind die Berichte unserer Klienten schier nicht zu ertragen. Aber dann sagt jemand etwas Humorvolles, und schon wird es heller im Raum und wir merken, wie wir über den Schmerz, den wir gemeinsam tragen, hinausgehoben werden.

Kürzlich erzählte uns ein Vater von seinem Sohn, der beschlossen hatte, ein Mädchen zu werden. Er wollte mit ihm essen gehen, und der junge Mann hatte ihn vorgewarnt, daß er in Frauenkleidern kommen würde. Mit Tränen in den Augen fragte uns der Vater: »Ich bin am Ende. Was soll ich bloß machen?«

Es waren an die fünfzig Leute in dem Raum, aber man hätte eine Stecknadel fallen hören können. Die Stille wurde so drückend, daß ich schließlich beschloß, etwas zu sagen. Ich sagte: »Wie wäre es, wenn Sie ein Kleid von Ihrer Frau anziehen, vielleicht hilft ihm das?«

Ein Augenblick schockierte Stille. Dann begann jemand zu lachen, und bald lachten wir alle, sogar der Vater. Der Humor hatte eine Situation gerettet, in der Logik oder gutgemeinte Ratschläge wenig ausgerichtet hätten. Und was wollte man überhaupt raten in solch einer unmöglichen Situation?

Es gibt tausend Gründe, zu lachen. Warum also nicht? Man braucht 43 Muskeln, um die Stirn zu runzeln, aber nur 17, um zu lächeln. Gibt es eine bessere Methode, Energie zu sparen?

DER OPTIMIST LACHT, UM ZU VERGESSEN;
DER PESSIMIST VERGISST ZU LACHEN.

Und hier noch ein Gedanke, der uns helfen kann, die rechte Perspektive zu bekommen:

> Es gibt zwei Tage in jeder Woche, über die wir uns nicht sorgen und ängstigen sollten. Der eine ist GESTERN, mit all seinen Fehlern und Sorgen und Schmerzen. Gestern können wir nicht mehr ändern, alles Geld der Welt bringt uns Gestern nicht zurück. Wir können nicht eine einzige unserer Taten ungeschehen machen, nicht ein einziges Wort, das wir sagten, löschen. Gestern — das ist vorbei.

Der andere Tag, über den wir uns nicht sorgen sollten, ist MORGEN, mit seinen möglichen Problemen und Lasten, seinen großen Versprechungen und herben Enttäuschungen. Auch Morgen haben wir nicht im Griff. Die Sonne wird morgen entweder in aller Herrlichkeit oder hinter Wolken versteckt aufgehen, aber aufgehen wird sie. Aber bis dahin können wir an Morgen nichts ändern, denn Morgen ist noch nicht da.

Bleibt also nur ein Tag: HEUTE. Jeder kann den Kampf eines Tages durchkämpfen. Erst wenn wir zu diesem Tag die Lasten jener beiden furchtbaren Ewigkeiten namens Gestern und Morgen hinzunehmen, brechen wir zusammen.

Es ist nicht der heutige Tag, der uns um den Verstand bringt, sondern die Reue oder Bitterkeit über das, was gestern geschah, und die Angst vor dem, was morgen kommen könnte.

Leben wir also immer nur das Heute.

(Verfasser unbekannt)

Ja, leben wir das Heute — und lächeln wir dabei!

Es ist echt komisch, worüber man alles lachen kann. Wir lachen über die ernstesten Dinge: Geld, Familie, Eltern, Kinder, Sex — sogar über den Tod. (Kennen Sie schon die Story mit dem Bestattungsunternehmer, der alle seine Briefe mit »In baldiger Verbundenheit, Ihr ...« abschloß?) Das Leben ist so voll von Streß und häßlichen Realitäten. Wir brauchen so dringend Erholungspausen, und die beste — und billigste — heißt: LACHEN. Lachen ist der preiswerteste Luxus. Es reinigt das Blut, erweitert den Brustkasten, pustet Nerven und Gehirn und den ganzen Körper durch. Ich glaube, Lachen ist die schönste Musik, die es gibt — und Gott hört sie gern!

KINDER, KINDER ...

Ich bekomme pausenlos Geschichten, Witze und Zeitungsausschnitte geschickt. Eines der Lieblingsthemen sind Kinder. Kinder machen uns ihr Quantum Sorgen. Aber sie geben uns (zum Glück!) auch viel zu lachen.

Da ist zum Beispiel die Geschichte mit den Kindern, die Münzen in einen Wunschbrunnen werfen und dabei laut ihre Wünsche flüstern. »Ich wünsche mir einen Hund«, sagt das erste. »Ich möchte ein Rennauto«, seufzt das zweite. Kommt ein zehnjähriger Junge vorbei, schaut in den Brunnen, wirft zögernd eine Münze hinein und murmelt: »Ich wünsch' mir einen Magneten.«

Der frühere US-Präsident Lyndon B. Johnson erzählte gern die Geschichte von dem kleinen Jungen, der dringend Geld suchte, weil sein Vater gestorben war und die Mutter die Familie kaum durchbrachte. Er schrieb also einen Brief an den Lieben Gott, mit der Bitte um 100 Dollar als Hilfe für seine Mama. Der Brief landete auf dem Schreibtisch des Postministers. Der war so gerührt, daß er spontan einen 20-Dollar-Schein in einen Umschlag steckte und an die Adresse des Jungen schickte. Zwei Wochen später kam ein zweiter Brief an den Lieben Gott auf den Schreibtisch des Postministers: »Lieber Gott, vielen Dank für Deine Mühe, aber schick den Brief bitte das nächste Mal nicht über Washington, da haben sie 80 Dollar abgezogen.«[9]

Eine andere Lieblingsgeschichte von mir stammt von einer Mutter mit vier erwachsenen Söhnen. Der älteste wohnt mit einem Mädchen in wilder Ehe zusammen, der zweite ist Alkoholiker, der dritte drogensüchtig und der jüngste schwul. Diese Mutter sagte mir: »Barbara, ich hätte mir keine Kinder anschaffen sollen, sondern Kaninchen, das hätte wenigstens für ein gutes Sonntagsessen gereicht.«

DAS HAUT DEM FASS DIE KRONE INS GESICHT

Es macht auch Spaß, Stilblüten und originelle Versprecher und Verschreiber zu sammeln. Wußten Sie schon, daß Rom nicht in einem Tag geklaut wurde? Daß manche Leute von Tunten und Blasen keine Ahnung haben und eher über Stock und Schwein laufen, als dem Faß die Krone ins Gesicht zu schlagen? Das ist nur die Mütze des Eisberges. Die Zahl der Beispiele geht nicht auf die berühmte Hornhaut.

Aber einer der absoluten Hits ist eine alte Geschichte, die besonders unter Zeitungsredakteuren und anderen täglich mit dem Druckfehlerteufel kämpfenden Leuten ihre Runde gemacht hat. Es handelt sich um eine Kleinanzeige in der Tageszeitung einer gutbürgerlichen Kleinstadt:

(Montag) ZU VERKAUFEN — Nähmaschine. R.D. Jones. Tel.: 555-0707, nach 19 Uhr. Mrs. Kelly billig zu haben, Barzahler bevorzugt.

(Dienstag) BERICHTIGUNG — Die gestrige Anzeige von R.D. Jones enthielt einen bedauerlichen Fehler. Der Text muß heißen: Nähmaschine zu verkaufen, billig. Tel. 555-0707, Mrs. Kelly zu haben, bevorzugt Barzahler nach 19 Uhr.

(Mittwoch) ZUR BEACHTUNG — R.D. Jones hat uns mitgeteilt, daß er auf Grund eines Druckfehlers in seiner gestrigen Anzeige unerwünschte Anrufe erhalten hat. Hier noch einmal der korrekte Text: ZU VERKAUFEN — Mrs. Kelly, nach 19 Uhr billig zu haben, Nähmaschine. R.D. Jones, Tel. 555-0707.

(Donnerstag) WICHTIGE MITTEILUNG — Ich, R.D. Jones, habe KEINE Nähmaschine zu verkaufen, habe sie zerstört. Rufen Sie nicht 555-0707 an, Anschluß besteht nicht mehr. Mrs. Kelly ist eine ANSTÄNDIGE Frau und war bis zu ihrem Auszug gestern meine Haushälterin.[10]

UND DER KANDIDAT ERZÄHLTE IHNEN EIN GLEICHNIS ...

Die Bibel mag das meistgekaufte Buch der Welt sein, aber sie ist nicht immer das am besten bekannte, wie die folgende Geschichte zeigt:

Ein frischgebackener Theologiestudent wird von seinem Professor gefragt, welchen Teil der Bibel er am meisten schätze.
»Na klar, das Neue Testament«, antwortet er.
»Und welches Buch im Neuen Testament?«
»Oh, das Buch der Gleichnisse.«
»Soso«, sagt der Professor. »Können Sie mal ein Gleichnis erzählen?«
Der neue Student legt los: »Es war ein Mann, der ging von Jersualem nach Jericho und fiel unter die Räuber. Und die Dornen wuchsen hoch und erstickten ihn. Und der Mann ging weiter, und siehe, er traf die Königin von Saba, die gab ihm tausend Talente Gold und Silber und hundert kostbare Gewänder. Und er stieg in seinen Wagen und trieb die Pferde an. Da fuhr er unter einem großen Baum durch, und sein Haar verfing sich in einem Ast, und er blieb hängen.
Und er hing dort viele Tage und Nächte, und die Raben kamen und brachten ihm zu essen und zu trinken. Und eines Nachts, als er schlief, kam seine Frau Delila und schnitt ihm sein Haar ab. Und er fiel auf steinigen Boden. Da begann es zu regnen, vierzig Tage und vierzig Nächte. Und er versteckte sich in einer Höhle. Und er ging hinaus und sah einen Mann und sagte ihm: Komm zu meinem Festmahl in meine Höhle. Der Mann aber antwortete: Ich kann nicht kommen, ich habe ein Weib genommen. Da ging der Herr der Höhle hin an die Hecken und Zäune und nötigte die Menschen, hereinzukommen.
Und er ging und kam nach Jericho, da sah er die Königin Isebel hoch in einem Fenster. Als die ihn sah, lachte sie. Er aber sprach: Werft sie hinunter! Da warfen sie sie hinunter, siebenmal siebzigmal. Und sie sammelten die Stücke auf, zwölf Körbe voll. Und jetzt sagt mir: Wessen Frau wird sie sein am Tage der Auferstehung?«

(Verfasser unbekannt)

Wir lächeln über den glücklosen Möchtegern-Theologen, und vielleicht erinnert er uns daran, daß wir selber ja manchmal gewisse biblische Begriffe etwas durcheinanderbringen. Aber manchmal gebe ich nach diesem Witz etwas anderes zum Besten, das ich vor nicht allzu langer Zeit in Nevada erlebte.

Auf einem Berghang hoch oben über der Stadt Reno steht eine große Kirche, die Reno Christian Fellowship Church. Wie ein Leuchtturm thront sie über all der grellen Neon-Reklame der Straßen und Kasinos der Stadt. Die ganze Stadt sieht man von hier aus, und hinter dem Lichtermeer die Wüste.

Meine Schwiegertochter Shannon kannte diese Kirche, und als ich ihr sagte, daß ich dort einen Vortrag zu halten hatte, sagte sie:»Sieh zu, daß du das Schild nicht verpaßt, das an der Parkplatzausfahrt steht.«

Als der Vortrag vorbei war und ich mit Bill wieder ins Auto stieg, sagte ich:»Bill, gleich müssen wir an dem Schild vorbeikommen, von dem Shannon uns erzählt hat.« Wir fuhren in die Ausfahrt, und richtig, da stand das Schild:

SIE BETRETEN JETZT DAS MISSIONSFELD!

Ich bekam eine kleine Gänsehaut, als ich dieses Schild las, das doch weit über Reno hinaus gültig ist. Unser Missionsfeld — das ist da, wo wir gerade sind!

LACHEN — DAS LEBEN IST HART

Ein Erlebnis, das Marilyn Meberg gehabt hat, illustriert vorzüglich, wie wir in schwierigen Situationen seelisch die Oberhand gewinnen können, indem wir etwas finden, worüber wir lachen können — nicht so, daß wir unsere Trauer oder Kummer einfach weglachen würden, aber doch so, daß wir die nötige Kraft zur Bewältigung dieses Augenblicks bekommen.

Marilyns Mutter war vor kurzem gestorben und hatte vor ihrem Tod verfügt, daß sie verbrannt werden wollte. Sie wollte nicht, daß die Leute sie im Sarg aufbahrten und solche Dummheiten sagten wie:»Sieht sie nicht schön aus?« Marilyn erfüllte den Wunsch ihrer Mutter, und nach der Trauerfeier rief der Bestattungsunternehmer an und bat sie, die Asche ihrer Mutter abzuholen. Sie fuhr mit ihrem Mann, Ken, hin. Ken wartete im Auto, während sie in die Leichenhalle ging. Ein Angestellter übergab ihr einen Behälter von der Größe eines Schuhkartons:»Dies ist die Asche Ihrer Mutter.«

An dem Behälter war ein Schild mit dem Namen, Geburts- und Sterbedatum der Mutter. Es war ein unheimliches Gefühl:

Das Zeug in dieser Dose — das war also alles, was von Mutter übrig geblieben war ...

Marilyn ging zum Auto zurück. Sie sah, wie Ken zu ihr hinschaute. Er hatte seine Schwiegermutter verehrt, und es war ihm anzusehen, wie unangenehm ihm zumute war angesichts dieses kleinen Behälters. Marilyn selber ging es ähnlich. Und dazu die Trauer. Es war kaum auszuhalten, dieser Augenblick.

Marilyn öffnete die Beifahrertür, sah den Blick auf Kens Gesicht und verglich ihn mit ihren eigenen Gefühlen. Sie verspürte plötzlich das Bedürfnis, die Spannung etwas zu lösen. Sie legte den Behälter behutsam auf die Rücksitzbank, beugte sich über ihn und sagte: »Möchtest du angeschnallt werden, Mutter?«

»MARILYN!« war alles, was ihr Mann hervorbrachte. Marilyn machte es nichts. Sie kannte diesen Ton; er benutzte ihn immer dann, wenn sie etwas Verrücktes tat, was recht häufig vorkam. Und er wirkte, der Satz mit dem Anschnallen! Sie fühlten sich beide das kritische kleine bißchen besser. Marilyn erinnert sich: »Ich war nicht respektlos gegenüber meiner Mutter oder ihren sterblichen Überresten, nein. Ich brauchte einfach innerlich Luft in diesem Augenblick und das Gefühl, die Situation im Griff zu haben, statt daß sie mich im Griff hatte.«[11]

Humor kann die schrecklichen, schmerzlichen, frustrierenden und hoffnungslosen Augenblicke des Lebens heller machen. Der Apostel Paulus kannte viele solcher Augenblicke, doch er schrieb: »Voller Freude danken wir Gott dafür, daß wir einmal an seiner Herrlichkeit teilhaben werden« (Römer 5,2, Hoffnung für alle).

Ich glaube, Lachen ist wie Nadel und Faden; geschickt benutzt, kann man damit fast alles flicken. Ich rate den Leuten immer, sich eine »Freudenbox« anzuschaffen — eine Schachtel, in der sie Andenken, Karten, Zeitungsausschnitte und allen möglichen Kram aufbewahren, bei dem man lächeln oder gar kichern kann, besonders wenn man sich gerade »down« fühlt. Im Laufe der Jahre hat meine Freudenbox sich zu einem Freuden*zimmer* ausgewachsen, das die Hälfte des großen Wohnwagens einnimmt, in dem wir hausen. Wenn ich in mein Freudenzimmer gehe, kann ich hinterher nicht nur wieder lächeln, sondern auch hoffen.

Auf der Innenseite der Tür zu diesem Zimmer ist ein großes

Schild mit meinem Lieblingsmotto: »MACH DU ES, HERR!«
Unter diesem Schild ist eine Puppe, die wie eine kleine alte
Oma aussieht und die fragt: »Lieber Gott, wenn ich meine
ganze Liebe weggebe, krieg ich dann einen Nachschlag?«

Auf einem Regal daneben steht ein kleiner musikalischer
Wecker, der einen mit einer ganzen Auswahl fröhlicher Melo-
dien weckt. Wäre nicht schlecht, so ein Ding, um die Kinder
morgens aus dem Bett und zur Schule zu kriegen. Etwas daneben sitzt ein kleiner Affe auf einer Stange; wenn man den Griff
dreht, geht sein Schwanz nach oben und er macht lustige
Geräusche; ein Schild verkündet: »*Willkommen im Affenhaus*«.

Viele Freundinnen schicken mir Stickbilder mit Sprüchen.
Eines meiner Lieblingsbilder zeigt zwei liebe kleine Bären und
dazwischen den Satz: »Liebe macht das Leben schöner«. Und
da es im amerikanischen Originaltitel meines Buches *Freude ist
die beste Medizin* um Geranien geht, die man sich an den Hut
steckt, habe ich mittlerweile über 20 Geranienhüte in meinem
Freudenzimmer — Geschenke von lieben Freunden im ganzen
Land.

Ein paar andere Sprüche und Schilder aus meinem Freudenzimmer:

DAS LEBEN IST ZU WICHTIG, UM ES ERNST ZU NEHMEN.

* * * * * *

Ich bin wunderbar, toll, einmalig, erstklassig, spitzenmäßig,
super und ein Genie — und vor allem BESCHEIDEN.

* * * * * *

Midlife-Krise ist,
wenn Hypothek und Schuldgeld
höher sind als das Gehalt.

* * * * * *

Na also — nur noch zwei Wochen Verspätung!

* * * * * *

Bob Davies, mein guter Freund von »Love in Action«, schenkte mir folgenden schön in Holz gravierten Bibelvers:

> Wer den Herrn fürchtet, hat eine sichere Festung, und auch seine Kinder werden beschirmt (Sprüche 14,26).

Ich mag auch den kleinen Karren in der Ecke, an dem zu lesen steht: »Herr, schieb mich an!« Und die Wärmflasche, die wie ein Lamm aussieht und richtig kuschelig wird, wenn sie heiß ist.

Fast alles in meinem Freudenzimmer wurde mir von Freunden geschenkt. Ein Gedicht, das eingerahmt an der Wand hängt, kommt von einer Gruppe, die sich »Die Humpty-Dumpties« nennt, nach Humpty Dumpty, einer eiförmigen Figur in den Alice-im-Wunderland-Geschichten von Lewis Carroll, die von einer Mauer fällt und in tausend Stücke zerspringt, so daß alle Ritter des Königs sie nicht mehr zusammenfügen können. Es sind alles Eltern homosexueller Kinder, und ihr Gedicht trifft so recht den Geist meines Freudenzimmers, so viel Lächeln und Gottvertrauen strahlt es aus:

> Guten Morgen, Humpty Dumpty,
> hier bist du ja, frisch und rot!
> Im Gedicht warst du zerschmettert,
> sozusagen mausetot!
> Humpty Dumpty hüpfend lächelt:
> »Das war erst der erste Teil!
> Nach den Rittern kam der König,
> und der machte mich ganz heil.«

NICHT LOCKERLASSEN

Ich begann dieses Kapitel mit ein paar Sätzen von Lesern meiner Bücher, die mir schrieben, wie wohl ihnen der Humor darin tut. Hier noch ein Brief von einer Frau, die es wissen muß, daß nichts über Humor geht:

> Sie kennen mich nicht, aber ich kenne Sie sozusagen als liebe Freundin, die mir durch eine unglaubliche Krise hindurchgeholfen hat.
> Vor drei Wochen machte der Arzt bei mir ein Mammogramm.

Einen Tag später wurde mir der Knoten entfernt, eine Woche danach die ganze Brust. 48 Stunden nach der zweiten Operation teilte man mir mit, daß der Krebs schon auf die Lymphknoten übergegriffen hatte. An diesem Abend (ich war noch im Krankenhaus) nahm ich eine Schlaftablette. Sie half nicht. Dann nahm ich das Buch in die Hand, das meine jüngste Tochter mir gebracht hatte. Ihr Buch. Ich las es ganz durch in dieser Nacht. Ich weinte und lachte mit Ihnen (besonders bei der Sache mit der Strumpfhose). Jedesmal, wenn ich wieder depressiv werde, hole ich das Buch hervor.

Ich befolge Ihren Rat und versuche, mir jeden Tag etwas Lustiges auszudenken. Gestern war es: »BHs kaufen tu ich nur noch, wenn sie mir 50 Prozent Rabatt geben.« (Ist vielleicht etwas blöd, aber ich lerne ja noch.)

Eine Menge lustige Dinge sind wirklich »blöd«, aber machen wir ruhig weiter. Lachen trägt weiter als Weinen. *Vergessen wir nie — verstanden? Nie! — das Lachen! Es ist die Musik der Seele.*

Schon gehört?

WER BEIM BLICK IN DEN SPIEGEL LACHEN KANN, DER IST KEIN HOFFNUNGSLOSER FALL.

* * * * * *

WIE GUT, DASS KINDER NIE ANFANGEN: »GESTERN HAT MAMA WIEDER WAS RICHTIG REIZENDES GESAGT...«[12]

* * * * * *

Das Leben kann hart sein, meint Phyllis Diller: »Haben Sie schon mal in einen Spiegel geschaut und die Falten in Ihrer Strumpfhose begutachtet, bis Sie gemerkt haben, daß Sie gar keine anhaben?«[13]

* * * * * *

HUMOR IST DAS LOCH, DAS DIE LUFT AUS DEM AUFGEBLASENEN BALLON LÄSST.

* * * * * *

Woran merkt man, daß man auf einen Menschen süchtig ist?
Wenn man stirbt, zieht einem *sein* Leben vor dem inneren
Auge vorbei.

* * * * * *

Das Problem beim Eigenheim ist: Man sieht ständig etwas, das
man eigentlich reparieren sollte.[14]

* * * * * *

GEBET EINES KLEINEN JUNGEN

Lieber Gott, paß auf meine Verwandten auf und auf die ganze
Welt. Und paß gut auf dich selber auf, sonst sind wir alle gelie-
fert!

* * * * * *

BRIEF EINER ETWAS VERWIRRTEN
MUTTER AN IHREN SOHN

Lieber Sohn,
nur ein paar Zeilen, damit Du weißt, daß ich noch lebe. Ich
schreibe diesen Brief extra langsam, weil Du nicht so schnell
lesen kannst. Wenn Du nach Hause kommst, wirst Du das
Haus nicht wiedererkennen — wir sind umgezogen.
Dein Vater hat eine wunderbare neue Arbeitsstelle, auf der er
fünfhundert Mann unter sich hat! Er mäht den Rasen auf dem
Friedhof.
In unserem neuen Haus ist eine Waschmaschine, aber sie
taugt nicht viel. Letzte Woche steckte ich vierzehn Hemden
hinein und zog an der Kette, und weg waren sie, die Hemden!
Deine Schwester Mary hat heute morgen ein Baby bekommen. Ich weiß noch nicht, ob es ein Junge oder ein Mädchen
ist und ob Du also jetzt Onkel oder Tante geworden bist.
Dein Onkel Dick ist letzte Woche in einem Whiskyfaß ertrun-
ken. Seine Kollegen sprangen hinein, um ihn zu retten, aber er
wehrte sich tapfer. Wir haben ihn verbrannt; sie brauchten
drei Tage, um das Feuer zu löschen.
Dein Vater hat zu Weihnachten nicht viel getrunken. Ich hatte
eine Flasche Rhizinusöl in sein Bier getan — er war bis Neujahr
ständig beschäftigt.
Am Donnerstag bin ich zum Doktor gegangen. Dein Vater

kam mit. Der Doktor steckte mir ein Röhrchen in den Mund und sagte: »Jetzt zehn Minuten nicht sprechen!« Vater hat ihn gefragt, was so ein Röhrchen kostet.

Letzte Woche hat es nur zweimal geregnet: erst drei Tage, dann vier. Mittwoch war es so windig, daß eines unserer Hühner dasselbe Ei viermal gelegt hat.

Gestern kam ein Brief vom Bestattungsunternehmer. Er schreibt, wenn wir nicht in fünf Tagen die letzte Rate für Deine Großmutter bezahlen, buddeln sie sie wieder aus.

Deine Dich liebende Mutter

P.S. Wollte Dir zehn Dollar schicken, aber ich hatte den Umschlag schon zugeklebt.

* * * * * *

WER ZULETZT LACHT, WOLLTE DEN WITZ EIGENTLICH SELBER ERZÄHLEN.

* * * * * *

Ein guter Mut ist ein tägliches Fest (Sprüche 15, 15).

KAPITEL 7

FIT, FITTER, AM DICKSTEN

Jung sein kann man nur einmal,
unreif immer.[1]

Wo ich auch hingehe, sind zwei der unbeliebtesten Themen der Frauen das *Älterwerden* und das *Dickerwerden*. Hier gleich ein heißer Tip: Lassen Sie sich nicht das Leben davon vermiesen! Ich habe schon vor langer Zeit beschlossen, mich nicht mehr verrückt zu machen und mich statt dessen jedes neuen Tages zu freuen.

Was nicht heißt, daß ich mein Leben pralinenessend im Sessel verbringe! Obwohl ich vor meiner Diabetes-Diagnose, die mich zu einem Fitneßprogramm zwang, keine Trimm-dich-Fanatikerin war. Fitneß — das hieß für mich soviel wie zehn Minuten stramm sitzen oder mit einer Tafel Schokolade jonglieren. Jedesmal, wenn ich dachte: *Jetzt mußt du aber was für deine Gesundheit tun*, legte ich mich ganz still hin, bis der Anfall vorüber war. Es kam wohl vor, daß ich mit Bill eine Radtour machte — bis zum Café an der Ecke.

In meinem Buch *Freude ist die beste Medizin* habe ich bereits erzählt, wie Bill mir einen tollen Heimtrainer kaufte und ihn in meinem »Freudenzimmer« aufstellte, wo ich eine komplette Infrastruktur zum Ausnutzen der langweiligen Strampelzeit habe. Wenn ich lesen will, klemme ich mir ein Buch in den Buchhalter am Lenker. Wenn ich telefonieren will, ist mein Kermit-der-Frosch-Telefon in Reichweite. Zum Fernsehen dient ein tragbarer Fernseher auf dem Tisch, und natürlich kann ich auch »einfach so« in die Pedale treten und all den Schnickschnack in dem Raum bewundern. Ein wahrhaft nobles Fitneßgerät, mein Heimfahrrad.

Aber meistens benutze ich meine Strampelstunden zum Beten. An der gegenüberliegenden Wand habe ich eine große Karte der Vereinigten Staaten aufgehängt, auf der ich im

Geiste von einer Stadt zur anderen fahre und liebe Spatula-Freunde, die mir geschrieben haben, besuche. Jedesmal, wenn ich eine Stadt erreiche, aus der ein Brief gekommen ist, bete ich für die Schreiber und bitte Gott, sie durch diesen Tag zu bringen.

Vor kurzem hat meine Schwiegertochter Shannon mir eine neue Landkarte gezeichnet, die ich meine »Freudenkarte« nenne. Sie zeigt nur Städte, deren Namen eine fröhliche Bedeutung haben. Ich habe sie neben die andere gehängt und reise jetzt hin und wieder von Bliss (»Glück«) nach Ecstasy (»Verzückung«), von Utopia nach Sublime (»Erhaben«), von Yum Yum (»Lecker«) nach Comfort (»Trost«) oder von Bountiful (»Reichlich«) nach Prosperity (»Reichtum«). In einer einzigen Fitneß-Sitzung lege ich so phantastische Strecken zurück. Es macht echt Spaß, bei Happy (»Glücklich«) in Texas zu beginnen und zum Schluß in »Joyful« (»Fröhlich«) in Mississippi zu landen!

DER KAMPF MIT DEM WASSERBALL

Gewichtskontrolle — das ist für viele von uns ein nicht enden wollender Kampf. Es ist so ähnlich, wie wenn man sein Leben lang einen Wasserball unter die Wasseroberfläche drücken will. Läßt man auch nur eine Sekunde nach, kommt er — wutsch! — prompt wieder hoch, und der Kampf darf von neuem beginnen.

Was man noch essen darf — es kommt einem wie Kaninchenfutter vor. Kein Fett, kein Zucker, kein Salz, keine Stärke — da bleibt nicht viel übrig, was nach etwas schmeckt, nicht wahr? Leute, ich kann mich gut hineinfühlen in euren Kalorienkrieg! Ich weiß, wie das ist, wenn man Appetit hat und nicht darf. Kürzlich kam mir ein altes Tonband mit Victor Buono in die Finger, auf dem ich das folgende Gebet eines armen Diätsünders fand:[2]

Mein Herz gern kräftig Buße tät
ob meiner sündigen Diät.
»Wir sind, was wir essen«, sagt ein weises Wort.
Herr, wenn das stimmt, bin ich ein Abfallkorb.
Am Jüngsten Tage möcht ich auferstehn —

doch wie soll ohne Hebekran das gehn?
Drum gib mir Kraft, o Herr, daß ich nicht fall
in die Klauen des Cholesterall!
Gib mir viel Möhren, Kraut und Rettich,
daß meine Seel werd mehrfach ungesätticht.
Erleuchte mich mit Knoblauchzehen,
daß vor der Waage ich mag bestehen.
Ich nehm gehorsam mein Distelöl,
denn Butter führet in die Höll.
Verflucht sei Sahne, Kuchen, Torte!
Der Teufel lauert an jedem süßen Orte.
Mit Fleischsalat macht er mir bange,
er sitzt auch auf der Käsestange.
Der Beelzebub hat Nougatflügel,
Luzifer ist ein Schokoriegel.
Gib mir meine tägliche Scheibe Brot,
doch dünn geschnitten und mit viel Schrot.
Auf faltigen Knien bitt ich dich:
Von Pommes und Ketchup erlöse mich!
Und wenn die Prüfungszeit endlich vorbei
und meine Seel von Pralinenlust frei,
dann laß mich stehn mit den Heiligen fleißig
in weißem Kleid, Größe Achtunddreißig!
Ich schaff es, Herr, doch mußt du mir zeigen,
wie man das Nahrhafte tut vermeiden.
Lehr mich zu lieben rohe Kost
und laß mich fliehen süßen Most,
auch Nudeln, Pizza, Mayonnaise,
Kartoffeln à la Lyonnaise
und Brathähnchen. Ach, Herr, wenn du
mich liebst, so näh den Mund mir zu!

KALORIEN, DIE NICHT ZÄHLEN

Der Diäthaltende ist ständig versucht, sich einzureden, daß
»einmal keinmal« und zwei-, dreimal nicht viel ist. Bei meinen
Forschungen auf dem Gebiet der Diät-Ausreden fand ich die
folgende Liste von »Kalorien, die nicht zählen«:[3]

1. Essen, das im Stehen verzehrt wird, hat grundsätzlich keine
Kalorien. Die genauen Ursachen sind ungeklärt, jedoch wird
ein Zusammenhang mit der Schwerkraft vermutet: Die Kalorien fließen statt in den Magen in die Beine und durch diese in

121

den Boden, wie elektrische Ströme. Das Phänomen verstärkt sich noch, wenn man läuft: Ein im Gehen verzehrtes Eis oder Hot Dog ergibt Minuskalorien.

2. Essen beim Fernsehen ist ebenfalls kalorienfrei. Hängt möglicherweise mit der Abstrahlung des Fernsehers zusammen, die nicht nur die Kalorien, sondern auch die Erinnerung an die Mahlzeit neutralisiert.

3. Ungerade Kanten. Kuchen und Pasteten sollten stets exakt gerade geschnitten werden. Trotzdem überstehende Ecken und Kanten sind vor dem Lagern im Kühlschrank durch Aufessen zu beseitigen und ebenfalls kalorienfrei.

4. Ausgewogene Mahlzeiten. Zu jedem Schokoriegel eine Limonade trinken! Die Kalorien heben einander auf.

5. Linkshändig essen. Hält man in der rechten Hand ein Punschglas, haben mit der linken Hand gehaltene Speisen keine Kalorien. Die Ursachen sind komplex: Erstens handelt es sich wahrscheinlich um Essen im Stehen (siehe oben unter 1.). Zweitens baut das — feuchte — Glas ein elektrisches Feld auf, das die Polarität der Kalorien in der anderen Hand umkehrt. Bei Linkshändern gilt das Prinzip entsprechend umgekehrt.

6. Speisen mit medizinischer Funktion zählen grundsätzlich nie. Dazu gehören z. B.: Heiße Schokolade, Milchmixgetränke, Toast, Obstsalat, Hustenbonbons u.a.

7. Sahne, saure Sahne und Butter entziehen den Speisen, auf die sie gegeben werden, die Kalorien und verlieren ihre eigenen.

8. Aufgespießte Speisen. Würstchen, Käse, Kräcker u.a. machen nicht dick, wenn sie aufgespießt werden, da die Kalorien durch die Spießöffnung entweichen.

9. Lebensmittel für Kinder. Alles, was für Kinder hergestellt, gekauft oder gedacht ist, ist beim Verzehr durch Erwachsene kalorienfrei. Die Zahl der Beispiele ist groß und reicht von zu Vorführzwecken verzehrten süßen Breien bis hin zu Weihnachtsplätzchen.

10. Speisen für wohltätige Zwecke — z. B. Kuchen für den Kirchenbasar — sind als gemeinnützig anerkannt und kalorienfrei.

11. Alle »extra für dich« zubereiteten Speisen sind aus Gründen des Taktes und der Nächstenliebe grundsätzlich voll aufzuessen.

SCHLANK WERDEN WOLLEN KANN IHRE GESUNDHEIT SCHÄDIGEN

Wie tausende andere Menschen habe ich schon oft ein paar Pfund abgenommen, nur um sie alsbald wieder anzusetzen. Die Ärzte nennen das das »Jojo-Syndrom«. Immer noch träume ich von der Figur, die ich einmal als junges Mädchen hatte und die jetzt so gut gepolstert ist. Die folgende Karikatur ist deshalb mein absoluter Liebling.

Viele Mollige müssen Oberwasser bekommen haben, als das US-Magazin *Time* einen Artikel herausbrachte, in dem es hieß, daß die Schlankheitswelle der letzten Jahre ihre entschieden ungesunden Seiten habe. Das ständige Auf und Ab zwischen Ab- und Zunehmen könne die Lebenserwartung verkürzen. Die berühmte Framingham-Herzstudie ergab, daß »Jojo«-Menschen ein 70 Prozent höheres Risiko haben, an einer Herzkrankheit zu sterben, als Übergewichtige, die ihr Gewicht halten. Die Studie kam zu dem Ergebnis, daß der Streß des ständigen Auf und Ab Blutdruck und Cholesterinspiegel bedenklich erhöhen könne.[4]

Der *Time*-Artikel behauptete nicht, daß jetzt alle aufhören sollten mit dem Diäthalten. Aber viele müssen lernen, sich realistischere Ziele zu setzen und nicht den knabenhaften Grazien nachzueifern, die das Fernsehen uns ständig vorführt. 1990 veröffentlichte das US-Gesundheitsministerium neue Gewichtstabellen, die bei den verschiedenen Körpergrößen einen Variationsspielraum von 13 kg oder mehr erlauben, plus einem Alterszuschlag von bis zu 7 kg nach dem 35. Lebensjahr. Und eine vom amerikanischen Calorie Control Council veröffentlichte Statistik stellt fest, daß die Zahl der eine Schlankheitsdiät Haltenden in den USA zwischen 1986 und 1991 von 65 auf 48 Millionen sank.[5]

Meine Freundin Lynda las kürzlich von einer ganz verrückten Schlankheitsmethode: Der Arzt gibt einem einen Ballon, den man schluckt und der sich im Magen aufbläst. Die Folge: Der Magen fühlt sich »voll« an und man hat keinen Appetit mehr. Die Sache hat keinen Haken, dafür aber einen Faden, und der läuft von dem Ballon durch die Speiseröhre in die Nase und hängt vorne heraus. (Wahrscheinlich braucht man ihn für Notfälle.)

Lynda und ich fanden den Sicherheitsfaden gar nicht gut. Was, wenn wir so einen Ballon schluckten und plötzlich zöge eines unserer Enkelkinder an dem Faden oder die Zahnbürste verhedderte sich darin? Aber dann hatten wir eine Idee: Was, wenn man am Ende des Fadens einen Halbedelstein anbrachte, als Nasenmodeschmuck? Bei Bedarf könnte man das Ding auch unsichtbar tragen — einfach ins Nasenloch schieben. Aber dort würde es sicher jucken, und man bekäme alsbald einen Niesanfall. Sicher eine originelle Art, auf sich aufmerksam zu machen ...

Nach reiflichem Überlegen fanden wir schließlich, daß der Ballon wohl doch nur etwas für gutgläubige (oder soll man sagen: naseweise?) Schlucker sei. Wir schluckten nicht und kämpfen wacker weiter mit dem Wasserball.

FÜR DIE REIFERE DAME

Ein Grund, warum wir so gerne über unseren Gewichtskrieg lachen, ist, daß Lachen nun einmal besser ist als Weinen. Wenn wir *wirklich* »reif und diszipliniert« wären, könnten wir doch diese kindischen Gelüste nach Dingen, die nicht gut für uns sind, im Zaum halten! Ich bin ganz dafür, »reif« zu sein − das Problem ist nur, daß das Wort schon fast einen Heiligenschein hat.

Wer reif ist, hat Geduld und kann seine Gelüste aufschieben, auch wenn »Schnelle Pause« auf der Verpackung steht.

Wer reif ist, ist beharrlich, und wenn der Weg noch so schwer oder entmutigend ist.

Wer reif ist, wird fertig mit Frust, Versagen und allen möglichen unangenehmen Dingen.

Reife Menschen sind demütig. Sie können sagen: »Da hab ich mich getäuscht.« Und wenn sie recht haben, brauchen sie nicht zu sagen: »Ich hab dir's ja gesagt.«

Wer reif ist, kann Entscheidungen treffen und konsequent durchführen. Er ist verläßlich, steht zu seinem Wort und drückt sich nicht.[6]

Reif werden − das heißt, erwachsen werden. Und erwachsen werden ist immer freiwillig. Älterwerden dagegen ist ein Muß. Ich werde älter, ob ich das will oder nicht. Wie Ashley Brilliant es sagt:

NICHTS IST LEISER
ALS DAS LANGSAME GRAUWERDEN DER HAARE.[7]

ALTE KAMERADEN

Die Leser unserer Rundbriefe wissen, daß ich lustige Sprüche und Gedichte über das Älterwerden sammle, und versorgen mich fleißig mit neuem Material. Kürzlich rief mich eine

Dame an, die gerade an einem Krematorium das folgende Schild gesehen hatte:

WIR BRENNEN DARAUF, SIE BEDIENEN ZU DÜRFEN.

Aus diversen Quellen habe ich die folgenden Bemerkungen über das Älterwerden zusammengestellt:

> Die Kleider sind heute so knapp geschnitten, besonders an Hüfte und Taille, daß man sich kaum noch die Schuhe zubinden kann. Und die Größen sind auch nicht mehr das, was sie waren; früher war 42 viel weiter!
> Selbst die Menschen sind anders geworden. Sie sind viel jünger, als ich in ihrem Alter war. Und wenn sie genauso alt sind wie ich, wirken sie viel älter.
> Kürzlich traf ich auf der Straße eine alte Klassenkameradin. Sie war so gealtert, daß sie mich nicht wiedererkannte!
> Als ich mich diesen Morgen kämmte und an das arme Mädchen denken mußte, schaute ich kurz in den Spiegel. Du meine Güte, selbst die Spiegel sind nicht mehr das, was sie früher waren!

Auch Klassen- und Jahrgangstreffen sind ein gutes Mittel, sich des Älterwerdens bewußt zu werden. Vielleicht sind Sie schon einmal auf einer dieser traumatischen Veranstaltungen gewesen, wo man konsterniert feststellt, daß man mit Abstand der Jüngste in diesem Greisenhaufen ist. Ein böser Mensch hat einmal solche Treffen als »Invalidenzählappelle« definiert.

Ich bin noch auf keinem Klassentreffen gewesen, aber kürzlich traf ich auf einer Konferenz zwei Herren, die vor über vierzig Jahren mit mir zur Schule gegangen waren. Sie sagten höflich, daß sie mich wiedererkannten, aber ich konnte sie schier nicht wiedererkennen. Sie waren wandelnde Beispiele für die alte Regel, daß Männer drei Frisuren kennen: ungescheitelt, gescheitelt und gebohnert. Sie hatten das dritte Stadium erreicht. Männer brauchen ihr Gesicht nicht liften zu lassen, es wächst von alleine nach oben ...

Das sicherste Erkennungszeichen auf Klassentreffen ist das Namensschild. Ich muß immer lachen, wenn ich Fotos aus meiner Jugend betrachte. Irgendwie ist mir dieses schnuckelige Oberschülerinnengesicht vertrauter als das, das mein

Spiegel mir zeigt. Es gab Zeiten, da war ich so dünn, daß ich Malzmilch trank, um zuzunehmen. Es hat gewirkt!

Gute Alte Zeit

Ein todsicheres Zeichen dafür, daß man älter wird, ist, daß man sich erinnern kann, *wie anders früher alles war.* Auf Freizeiten und Wochenenden gebe ich oft die folgende Liste zum Besten; sie wird nach und nach länger, weil immer wieder jemandem noch etwas einfällt.

DIE WELT VOR SECHZIG JAHREN

Wir kamen vor der Pille und der Bevölkerungsexplosion. Wir kamen vor Fernsehen, Penicillin, Polio-Impfung, Antibiotika und Frisbee, vor Tiefkühlkost, Nylon, Dacron, Fotokopien und dem Kinsey-Report. Wir kamen vor Radar, Neonlicht, Kreditkarten und Kugelschreibern. Es gab Schallplatten, aber keine Festplatten; Komposter, aber keine Computer.
Man hatte keinen »Sex«, sondern liebte sich, und wer schwul war, gab nicht damit an. Ein Käfer war immer ein Insekt und kein Auto.
Wir kamen vor Batman, Hägar, Snoopy, vor DDT und Wegwerfwindeln, Jeeps und gefälschten Fünf-Mark-Münzen. Wir waren eher da als der Grand Coulee-Staudamm, als Alleskleber und Getriebeautomatik und Klimaanlagen für jedermann. Wir aßen keine Pizza, es war niemand »high«, wir tranken keinen eisgekühlten Orangensaft und keinen Instantkaffee, und »Burger« war ein Druckfehler für »Bürger«.
Wir wurden vor UKW geboren, vor Tonbändern und elektrischen Schreibmaschinen, vor PCs, elektronischer Musik, Digitaluhren und Discos.
Wir kamen vor der Strumpfhose und bügelfreien Hemden, vor Eismaschinen, Geschirrspülern, Trocknern und Heizdecken, und Hawaii und Alaska gehörten noch nicht zu den USA.
Wir kamen vor Leonard Bernstein, Joghurt, Ann Landers, Plastik, Haarspray, der Vierzig-Stunden-Woche, dem Mindestlohn. Wir haben erst geheiratet und dann zusammengelebt — wie altmodisch kann der Mensch werden?
Stoff war zum Schneiden und nicht zum Trinken, und Mutter ging einkaufen und nicht shopping.

Wir kamen vor dem Kaugummi-Automaten, vor Düsenflugzeug, Hubschrauber und Autobahn. »Made in Japan« hieß: Finger weg!
Wir hatten Füllfederhalter und richtige Tintenfässer. Und Seidenstrümpfe mit Nähten, die nie ganz gerade waren. Wir hatten Autos mit Notsitzen und Eisdielen mit drei Geschmäkkern.
Ich bin aus der Zeit und der Mode gekommen, eine alte Schachtel, die nirgends mehr hinpaßt. Ich mag kein Jogging und keine Selbstbedienungstankstellen. Meine Beine sind weiß und die Strümpfe braun und nicht umgekehrt. Ich mag keinen Hard Rock und kenne nicht den Unterschied zwischen Yoga und Joghurt. Ich gehe nicht mit einem Walkman spazieren, sondern lieber mit einem richtigen Mann.
Ich suche Stille in einer Zeit, wo Stille so selten ist wie eine Original-Gutenbergbibel. Der Mann, mit dem ich zusammenlebe, ist mein Ehemann — seit 42 Jahren derselbe, es ist nicht zu fassen!

OMAS SIND AUCH NICHT MEHR DAS, WAS SIE MAL WAREN

Mit dem Alter kommen oft die Enkel. Wie es so schön heißt:

WENN EINE FRAU DENKT: JETZT HAB ICH'S GESCHAFFT ...
WIRD SIE GROSSMUTTER.

Nun, meine beiden Enkelinnen, Kandee und Tiffany, machen mir mehr Spaß als Arbeit. Als Kandee fünf Jahre alt war, nahm ich sie zu einer Tagung mit, auf der ich sprechen mußte. Wir sangen zunächst einige Lieder, wobei der Text vorne auf einer Leinwand erschien. Die kleine Kandee sang aus voller Kehle mit — und dabei konnte sie doch noch gar nicht lesen! Hinterher fragte ich sie, woher sie all die Liedtexte kannte, und sie antwortete: »Ach, Oma Barbara, die kenn' ich gar nicht, ich sing' immer ›Pommes-Ketchup-Erdbeerpudding‹, das geht prima!«
Als sie sechs war, sah Tiffany mich im Fernsehen, wie ich über meinen Lieblingsspruch sprach: »Das Leben ist so lange hart, bis man stirbt.« Als ich nach Hause kam, war Tiffany noch da. Sie sagte mir höflich, aber streng: »Oma, du hättest sagen sollen: ›Das Leben ist so lange hart, bis man stirbt und bei Jesus

ist«.« Ich bin in mich gegangen und habe ihre Ermahnung befolgt.

Ich bin gerne Großmutter, aber ich versuche, nicht zu »omahaft« zu werden. Ich glaube, das folgende Gedicht ist für mich geschrieben:

KEIN ALTES EISEN

Heut ist der alte Schaukelstuhl leer,
Oma sitzt nicht mehr darin.
Sie fährt mit dem Auto zur Post, zum Geschäft
und saust ständig her und hin.
Sie geht nicht um neune gähnend zu Bett,
um die Schultern das wärmende Tuch.
Ihr Computer, der klappert die halbe Nacht,
denn Großmutter schreibt ein Buch.
Sie dreht sich nicht um und sie schaut nicht zurück,
sagt nicht: »Was für neumod'sche Sachen!«
Und die Kinder mal nehmen geht nächsten Herbst nicht,
da will sie 'nen Tanzkursus machen.

(Verfasser unbekannt)

ÄLTER WERDEN MIT MR. WUMPFI

Kürzlich sah ich eine Karikatur: Eine Frau sitzt an dem einen Ende eines Sofas und liest eine Illustrierte, während ihr Göttergatte am anderen Ende zusammengerollt liegt und schläft. Sagt die Frau: »Karl, wenn wir zusammen alt werden wollen, darfst du nicht so ein Tempo vorlegen.«

Ich mußte lächeln, und das aus zwei Gründen: a) weil es ein guter Witz war und b) weil ich froh war, daß ich meinem Bill so etwas nicht zu sagen brauche. Ich würde sagen, daß wir im Gleichschritt alt werden, auch wenn ich die Sanguinikerin bin und Mr. Wumpfi der Melancholiker. (Mr. Wumpfi? Vor Jahren gab Bill mir den Spitznamen »Kumpfi«, und da habe ich mich mit »Wumpfi« revanchiert — es reimt sich so schön.)

Ich mag Action und Spaß, während Bill das Leben seriöser angeht. Als wir eines Abends in einem der obersten Stockwerke eines großen neuen Hotels in den Aufzug stiegen, um ins Erdgeschoß zu fahren, drückte ich kurzerhand sämtliche Etagenknöpfe — nur so zum Spaß; vielleicht wollte ich auch sehen, ob jeder Stock die gleichen Tapeten hatte. Der Lift hielt gehorsam auf jedem Stockwerk an. Die anderen Leute, die nach und nach dazukamen, wunderten sich jedesmal, wenn das Ding anhielt, die Tür sich öffnete und schloß und niemand ein- oder ausstieg.

Bill starrte die Decke an und tat, als ob er mich nicht kannte. Die anderen wußten natürlich nicht, daß ich alle Knöpfe gedrückt hatte, und so setzte ich meine perplexeste Miene auf und sagte laut: »Was ist bloß los mit dem Lift! Heute ist aber auch auf nichts mehr Verlaß!« Die anderen dachten wahrscheinlich, daß der Lift noch ein paar Kinderkrankheiten hatte; sollten sie ruhig.

Nach zweiundzwanzig Zwischenhalten erreichten wir das Erdgeschoß mit der Lobby. Für mich war dieser Bummellift ein kleiner Höhepunkt meines Lebens, für Bill ein Alptraum. Er stöhnt jetzt jedesmal auf, wenn wir in einen Lift steigen und ich so tue, als ob ich wieder die ganze Knopfleiste auf einmal drücken will. Ich mache es natürlich nicht mehr, ich will ja reifer werden in meinem Alter. Ehrlich.

Mein armer Bill findet meine Ideen gar nicht immer komisch. Ihm macht es viel mehr Spaß, seine Butterbrote exakt symmetrisch zusammenzuklappen, die Gläser im Küchenschrank nach Größe und Form zu ordnen oder die Rechnungen an Spatula Ministries jeden Monat in separaten Umschlägen zu sortieren. Als wir eines Sonntags einen Nachbarn besuchten, fiel Bill sofort auf, daß seine Telefonschnur hilflos verheddert war. Er verbrachte eine Viertelstunde damit, das Knäuel geduldig zu entwirren. Bill hat Übung in so etwas; wenn ich einen ganzen Tag lang telefoniert habe, ist unser Kabel auch nicht mehr in Form — und ich auch nicht.

Bill ist entschieden der bessere Buchhalter von uns beiden. Er hat das Spatula-Girokonto voll im Griff und weiß, wo jeder Cent geblieben ist. Ich verwalte unser persönliches Girokonto — und bin hochzufrieden, wenn meine Buchhaltung um nicht mehr als 20 Dollar von dem nächsten Kontoauszug abweicht!

Bill ist ein Meister des Details, aber nicht der Diplomatie. Einmal zog ich, als ich wieder zu Fernsehaufnahmen fuhr, ein neues Kleid an. Ich fragte Bill, ob ich präsentabel aussah. Seine Antwort: »O doch, ganz die perfekte Matrone!«

Ich weiß natürlich, daß ich eine Matrone bin, aber daß ich wie eine aussehe, will ich nicht hören! Also zurück ins Schlafzimmer und etwas anderes angezogen. Das Matronenkleid verschwand für immer in der hintersten Schrankecke; Bill wird wohl nie erfahren, wieviel ihn sein Satz gekostet hat. Er meinte es natürlich nicht böse; für ihn bedeutet »matronenhaft« soviel wie »würdevoll« oder »konservativ«. Für mich bedeutet es graue Haare und Stützstrumpfhosen.

MEINE TREPPENSTUFEN SIND SO ABGENUTZT,

DA HABE ICH IMMER
EINE ROSINE IN DIE MITTE GELEGT,
DAMIT ICH DIE RÄNDER
BENUTZEN MUSS.

Es muss nicht immer Kaviar sein

Der Scherzbold in der Familie bin eigentlich ich, aber hin und wieder betätigt auch Bill sich so, manchmal ohne es zu merken. Als seine Mutter noch lebte, fuhr er oft zu ihr, um sie und seinen Vater auf einen Tag zu besuchen, und da sie Nüsse über alles liebte, gab ich ihm einen Auflauf oder ein sonstiges Gericht mit Nüssen mit — manchmal auch einfach eine Schale gemischte Nüsse.

Einmal — so um den 1. April herum — mischte ich eine kleine Tüte *Gummi*erdnüsse in mein Nußgeschenk hinein; Oma würde bestimmt herzlich kichern über ihre unverbesserliche Schwiegertochter.

Ich konnte es kaum erwarten, daß Bill zurückkam! Endlich kam er und stellte die leere Schale auf den Tisch. Ich fragte: »Wo sind denn die Gummierdnüsse? Was hat deine Mutter zu denen gesagt?«

»Null Ahnung«, sagte Bill.

»Was soll das heißen — Null Ahnung? Die ganzen Gumminüsse sind weg!«

»Tja«, sagte Bill, »ich weiß es nicht. Ich hab Mutter die Schale gegeben und bin dann mit Vater einkaufen gegangen. Als wir zurückkamen, war die Schale leer.«

Ich wurde blaß. »Willst du damit sagen, daß sie das ganze Zeug gegessen hat?«

Bill lächelte und sagte: »Ich hab sie gefragt, was sie mit den Gummierdnüssen gemacht hat, und sie hat nur geantwortet: ›Was für Gummierdnüsse?‹«

Nein, Ehrenwort, ich habe die Geschichte nicht erfunden! Es kann ja wirklich gut sein, daß Oma diese Nüsse aß, ohne sich etwas Böses dabei zu denken. Sie war immerhin schon 87 und hatte noch alle ihre Zähne und besten Appetit. Sie überlebte die Gumminüsse übrigens um fast zehn Jahre — an ihnen ist sie also bestimmt nicht gestorben ...

Oft begleitet Mr. Wumpfi mich auf meinen Vortragsreisen. Als wir kürzlich in Spokane waren, bat ihn jemand, doch auch ein paar Worte zu sagen. Bill behauptet, daß er das haßt wie die Pest, aber er scheint es jedesmal zu genießen, und die Zuhörer auch.

Dort in Spokane also sagte er: »Ich möchte nur einen Satz sagen: Wenn man verheiratet ist, sollte einem der Ehepartner der beste Freund sein, und deswegen trage ich gern diesen ›Die besten Freunde‹-Knopf.« Und er hielt einen Anstecker hoch, den er auf der Konferenz bekommen hatte und auf dem ein Bild von uns beiden war. So verschieden wir sind – wir passen zusammen, und das Älterwerden macht uns nichts, denn unser bester Freund geht ja mit!

ERWACHSEN WERDEN UND KEIN ENDE

Ich weiß immer noch nicht genau, was ich werden will, wenn ich einmal groß bin. Manchmal denke ich mir: *Das gibt's doch nicht – so alt und immer noch nicht am Ziel!* Ich glaube, ein gutes Ziel – auch für Sie – ist, daß man ein »mittelalter Erwachsener« wird, wie in diesem Gedicht:

Wir sind nicht mehr so selbstsüchtig wie früher.
Auch nicht so besserwisserisch und dumm.
Wir sind im Mittelalter, und das bringt
vertiefte Lachfältchen und dies und das
und hat entschieden seine guten Seiten.
Wir sind nicht mehr so selbstgerecht wie früher.
Wir wissen: Was ist echt und was bloß Show?
Wir werden langsam älter, und das bringt
Probleme mit den Zähnen, aber auch
manch schöne, angenehme, frohe Dinge.
Wir sind nicht so selbstmitleidig wie früher.
Ob Arbeit, Spiel – wir wissen, was wir wollen.
Und weiter geht's auf unserm Lebensweg.
Möge er uns nicht nur ein Doppelkinn,
sondern noch viele schöne Stunden bringen.

(Verfasser unbekannt)

Eine meiner Lieblingsschauspielerinnen ist Angela Lansbury, die mit ihrem Film »Murder, She Wrote« Tausende in Amerika in ihren Bann gezogen hat. Als sie kürzlich in einer Fernsehshow interviewt wurde, sagte eine Frau aus dem Publikum, daß ihre Mutter, wenn der Film lief, noch nicht einmal ans Telefon ging.

Ich saß voller Bewunderung vor dem Fernseher und mußte denken: *So wie Angela Lansbury möchte ich auch sein, wenn ich in ihr Alter komme.* Und dann merkte ich: Ich *bin* ja schon in ihrem

Alter — und in dem von Shirley Temple, Micky Maus und Erma Bombeck!

KINDLICH, NICHT KINDISCH

Ehrlich gesagt: Mich reizt es mehr, kindlicher zu werden, als reifer zu werden. Wohlgemerkt — kind*licher*, nicht kind*ischer*. Vor etwa zehn Jahren schrieb ich in der September-Ausgabe unseres Rundbriefes *Love Line*:

> Jetzt fängt wieder die Schule an, aber die meisten von uns Müttern im Alter zwischen Östrogen und dem Tod brauchen sich nicht mehr mit dem Kauf von Schulbüchern und Heften und dem Schmieren der Pausenbrote herumzuschlagen. September — das heißt Schule, Kinder. Und daß ich keines mehr bin und keine mehr kriegen werde. Und doch steckt nach wie vor ein Kind IN MIR — ein Kind, das mich die Spontaneität und das Staunen, die so viele Erwachsene verloren haben, wieder lehren will. Ich möchte ein paar Gedanken darüber weitergeben, wie wir dieses Kind in uns erhalten können.
>
> Mit vierzig, so heißt es, fängt das Leben an — nun ja, es fängt an, bergab zu gehen! Mit fünfzig beginnt die Große Pause zwischen Östrogen und dem Tod, und es braucht immer mehr Zeit und Kraft, am Lebensball zu bleiben. Das große Altern trifft uns alle, und das Schöne ist: *Es ist nicht unsere Schuld!* Endlich mal etwas, das wir nicht selber über uns gebracht haben ...
>
> Ich rate Müttern, die auf die »Grauzone« des Lebens zusteuern, immer, das Leben mit Humor zu nehmen. Unsere Jugend mag vorbei sein, aber wenn wir wieder Kinder werden, zapfen wir eine unerschöpfliche Quelle in uns an. Also: Lernen Sie es, zu lachen. Kinder lachen »einfach so«, vor schierer Freude. Nehmen Sie sich nicht mehr so tierisch ernst. Tun Sie etwas, was Ihnen Spaß macht, gönnen Sie sich Abenteuer! Wenn Ihr Leben so verplant ist, daß Sie nicht mehr spontan sein können, haben Sie verlernt, ein Kind zu sein. Wir wissen doch: Starrheit ist ein sicheres Zeichen, daß man alt wird.
>
> Lassen Sie Ihr Leben baumeln, wo immer es geht! Hören Sie auf das längst vergessene Kind, entdecken Sie neu die kleinen Lebensfreuden. Genießen Sie wieder die milde Wärme des Altweibersommers, den Orangenschalenduft auf dem Weihnachtsteller, das Kinderaugenglänzen, wenn draußen der Schnee in der Morgensonne funkelt.

Erinnern Sie sich an gemeinsame Freuden und bleibende Freundschaften, an das Blau des Himmels, das verblassende Rot der Abenddämmerung. Diese Dinge sehen und genießen heißt, sie mit Kinderaugen zu sehen. *Seien Sie wieder ein Kind!* Es ist wunderbar, *kindlich* zu sein. Aber verwechseln Sie »kindlich« nicht mit »kind*isch*« – das ist ein Unterschied.

Zehn Jahre später finde ich diese Worte wahrer denn je. Wie Bonnie Prudden sagt:

DU KANNST DIE UHR NICHT ZURÜCKSTELLEN,
ABER WIEDER AUFZIEHEN.

Kindlich sein – das heißt, daß ich Altersflecken, Falten und anderes so würde- und humorvoll wie möglich akzeptiere. Es ist doch besser, über den Berg zu sein, als unter der Erde!

Und ihr Kämpfer mit den Pfunden, gebt nicht auf! Experten versichern uns, daß bald aber ganz und ganz und ganz bestimmt Hilfe naht: eine Anti-Dick-Pille, es dauert nur noch ein paar Jahre. Die Pille soll dem Gehirn einreden, daß wir um Mitternacht satt sind und das Schwarzwälder Kirschtorte-Betthupferl nicht brauchen. Klingt toll, nicht? Also: Weiter den Wasserball drücken; in ein paar Jahren ist er vielleicht für immer unten!

TIPS UND TRICKS

10 BAHNEN GESCHWOMMEN,
5 KILOMETER DAUERLAUF,
12 KILOMETER RADGEFAHREN ...
WAS FÜR EIN JAHR!

* * * * * *

Der größte Vorteil der Strumpfhose ist, daß sie nach jedem Waschen auf die ursprüngliche Größe schrumpft. Ich betrachte die brav eingeschrumpelten Nylonzentimeter und fühle mich wie neugeboren. Vielleicht passe ich diesmal hinein ...

* * * * * *

**WIR SIND, WAS WIR ESSEN.
ALSO ESSE ICH REICH-LICH.**

* * * * * *

Und dann war da die Frau, die ihren alten Minirock aus dem Kleiderschrank holte und nicht wußte, wo sie das andere Bein lassen sollte.

* * * * * *

**ICH WILL EINEN GESUNDEN KÖRPER!
— EINFACH; HEIRATE EINEN.**

* * * * * *

**ICH HAB NICHT GELD NOCH GUT,
ABER UNBEZAHLBARE ENKEL.**

* * * * * *

WAS ZÄHLT

Zähl nicht die Jahre, die du gelebt,
nur das Gute, das du begonnen,
die Stunden, wo du Hilfe gebracht,
die Freunde, die du gewonnen.
Die Samariterdienste zähl
und nur von Freude die Tränen.
Zähl all das Schöne, was du gehabt,
die Jahre darfst du nicht zählen.

(Verfasser unbekannt)

* * * * * *

ICH DENKE WIE EIN GEWITTER:
EIN BLITZ, UND DANN IST ES WIEDER WEG!

* * * * * *

Versuchen Sie nicht, die Kleidergröße Ihrer Frau zu erraten. Kaufen Sie ihr einfach kleine Größen und verstecken Sie den Kassenzettel.

* * * * * *

NICHTS TRAINIERT DAS HERZ BESSER,
ALS JEMANDEN AUS DER PATSCHE ZU ZIEHEN.

* * * * * *

Mein Gedächtnis ist ausgezeichnet! Nur drei Sachen kann ich
mir nicht merken: Gesichter, Namen und . . . was war noch das
Dritte?

* * * * * *

RÄCHE DICH:
LEBE SO LANGE, BIS DU DEINEN KINDERN ARBEIT
MACHST.

* * * * * *

Auch bis in euer Alter bin ich derselbe,
und ich will euch tragen, bis ihr grau werdet.
Ich habe es getan;
ich will heben und tragen und erretten.

(Jesaja 46,4)

KAPITEL 8

VATER WERDEN IST NICHT SCHWER, MUTTER SEIN DAGEGEN SEHR

Die Wohnung aufräumen,
wenn die Kinder noch klein sind,
ist wie Schnee schippen,
wenn es noch schneit.[1]

In jedem Mai widme ich unseren Rundbrief *Love Line* den Müttern, weil a) im Mai Muttertag ist und b) sie es sowieso verdient haben. Wenigstens einmal im Jahr sollte eine Mutter beim Aufwachen das Gefühl haben:

ICH BIN KEINE HAUSFRAU,
ICH BIN EINE HAUSGÖTTIN![2]

Natürlich sind heute viele Mütter berufstätig, aber das nimmt ihnen die »Hausarbeit« ja nicht ab. Im Laufe der Jahre bin ich selber mehrmals berufstätig gewesen und kenne das Gefühl, wenn man nach Hause kommt und den Abwaschberg sieht. Ich las einmal einen Artikel mit der Überschrift »Wer bemuttert die Mütter?« Eine provozierende Frage. Der Ehemann sicherlich nicht; der hat seine eigenen Termine und Pflichten. Einige jüngere Mütter vermelden zwar, daß ihre Männer ihnen mehr helfen, aber sie scheinen die Minderheit zu sein. Auch in den sogenannten »aufgeklärten Neunzigern« ist die Stütze der Familie nach wie vor Mutter. Ich mag die folgenden Verse einer unbekannten Dichterin über eine Szene, die Müttern nur zu vertraut ist:

SUPER-SAUBER-FRAU

Manche besteigen den Everest,
weil das Abenteuer sie rührt.
Ich bezwinge den Wäscheberg,
gleich hinter der Waschküchentür.

Unterhemdhänge und Sockengeröll,
Hosentürme und Lakenkamine —
Ich lebe in ständiger Angst vor ihr,
vor der großen Wäschelawine!

Wer bemuttert Mütter? Die Kinder schon gar nicht; sie sind
doch diejenigen, die jeden Morgen neu entschlossen sind, zu
beweisen, wie schwer das Muttersein ist.

Also: Wer bemuttert Mütter? Klar: Andere Mütter! Nur eine
Mutter versteht es, wenn Mutter eine Pause braucht oder ein
offenes Ohr oder den Nerv, in die andere Richtung zu schauen,
wenn die Kids an der Supermarktkasse ausrasten.

Bei Spatula Ministries versuchen wir, überlastete Mütter mit
anderen Müttern zusammenzubringen, so daß sie sich gegenseitig trösten, helfen und aufbauen können. Ehemänner sind
Beschützer und Brötchenverdiener, aber nicht immer die geeigneten Helfer, wenn ihre Frau innerlich am Boden liegt.
Oft ist es das beste, daß sie sich eine gestandene christliche
Freundin sucht, bei der sie sich aussprechen und ihren Frust
loswerden kann. Probieren Sie es aus: ES FUNKTIONIERT!
Sie werden Trost und Verständnis finden, und die Heilung wird
beginnen.

MUTTER BLEIBT MUTTER

Wo wären wir ohne unsere Kinder? Auf den Kanarischen
Inseln? Auf Hawaii? Auf einer Mittelmeerkreuzfahrt? Ich
habe jahrelang kluge Sprüche über die Herausforderungen des
Mutterseins (und Vaterseins) gesammelt. Hier ein paar Kost-
proben:

MAN WIRD MIT JEDEM KIND FERTIG,
WENN MAN NICHT SEINE MUTTER IST.

* * * * * *

DIE FREUDE DES MUTTERSEINS:
DAS SCHÖNE GEFÜHL, WENN DIE KINDER ENDLICH
IM BETT SIND.

* * * * * *

Frage an eine Mutter dreier ungezogener Kinder:
»Würden Sie sich noch einmal Kinder anschaffen?«
Antwort: »Ja, aber nicht die gleichen.«

* * * * * *

GEHEIMTIP DER SAISON:
GENIESSE DEINE KINDER, SOLANGE SIE NOCH ZU DIR HALTEN.

* * * * * *

WENN DIE KINDER ENDLICH GENIESSBAR SIND,
GENIESST SIE EIN ANDERER.

* * * * * *

Sprüche hin, Sarkasmus her, wir wissen es doch alle: Mütter
sind keine Waschlappen, aber sie haben ein weiches Herz und
tun *alles* für ihre Kinder. Man kann vieles verlernen, aber Mutter bleibt man immer.

Da flog mein Jüngster, Barney, der mit seiner Frau Shannon
und den Töchtern Kandee und Tiffany bei Carson City
(Nevada) wohnt, nach Florida, um einen Fortbildungskurs in
Landschaftsgärtnerei zu machen. An dem Tag, wo er flog,
wurde im Radio vor dem Vormarsch der »Killer-Bienen« in
Florida gewarnt. Mein erster Gedanke war, daß Barney doch
allergisch gegen Bienenstiche ist! *Mein Gott*, dachte ich. *Hat der
Junge auch sein Notfallmittel mitgenommen? Bestimmt hat er es
vergessen!*

Ich raste ans Telefon, um Shannon anzurufen. Die nahm
nicht ab. Ich begann zu beten: »O Herr, beschütze du ihn!
Wenn er gestochen wird und sein Mittel nicht dabeihat und
nicht sofort ins Krankenhaus kommt − der kann glatt *sterben!*
Ja, sicher, du weißt das schon, Gott, aber ich muß dich einfach
daran erinnern, ich bin doch seine Mutter!«

Da saß ich und betete für meinen 32jährigen Sohn, der seit
vierzehn Jahren auf eigenen Beinen stand, und machte mich
verrückt wegen seines Bienenstichserums!

Schließlich sagte ich: »Gott, du mußt ihn beschützen, ich
kann es nicht. Wenn er das Zeug nicht dabeihat und gestochen
wird ... vielleicht ist dann ein Krankenhaus in der Nähe.«

Ich mach mich nicht verrückt,

bin nur etwas müde.

Nun, Barney hatte sein Notfallmittel wirklich nicht dabei, und er wurde nicht gestochen. Sicher weil ich so für ihn gebetet hatte? Ich hätte nichts dagegen. Wie immer es auch war: Gott versteht uns; er weiß, daß eine Mutter immer eine Mutter bleibt. Kündigen? In den Ruhestand treten? Undenkbar. Kinder kriegt man nicht für 18 Jahre mit anschließender Bewährung, sondern lebenslänglich. Wir sind Mütter bis ins Grab.

WARUM WEINEN MÜTTER?

Ich habe als Mutter mein Quantum an Tränen über meine Kinder vergossen — so wie Sie vielleicht auch. Jemand schickte mir einmal einen Zeitungsartikel über die Tränen der Mütter. Der

Autor überraschte als kleiner Junge seine Mutter dabei, wie sie ihr Lieblingslied sang, während ihr die Tränen die Wangen hinunterliefen.

»Warum weinst du, Mama?« fragte er.
»Weil ich eine Mutter bin«, antwortete sie.
»Das verstehe ich nicht«, sagte er.
Seine Mutter umarmte ihn fest und sagte: »Das wirst du nie verstehen.«
Später fragte der Junge seinen Vater, warum Mutter manchmal ohne ersichtlichen Grund weinte. Der Vater zuckte die Schultern. »Das machen alle Mütter.«
Der kleine Junge wurde groß und wußte immer noch nicht, warum Mütter weinen. Schließlich rief er Gott an und fragte ihn, und Gott sagte: »Das ist so, Stan: Als ich die Mütter schuf, mußte ich ihre Schultern stark genug machen, das Gewicht der Welt zu tragen. Ich gab ihnen auch die Kraft, Kinder zur Welt zu bringen und ohne Dank in die Welt zu entlassen.
Ich gab ihnen Ausdauer, die weitermacht, wo alle anderen aufgeben, und die durch dick und dünn für ihre Lieben sorgt, ohne zu klagen.
Ich gab ihnen das Feingespür hartnäckiger Liebe, die sich von keiner Zurückweisung erschüttern läßt, die die Tränen des kleinen Jungen trocknet und die Probleme des Teenagers versteht.
Und ich gab ihnen eine Träne, die sie − und nur sie − vergießen dürfen, wo sie es brauchen. Sie ist ihre einzige Schwäche.
Sie ist eine Träne für die Menschheit.«[3]

In einer anderen Geschichte über Muttertränen, die ich zugeschickt bekam, zieht ein fröhlicher Kinderzug durch den Himmel. Jedes Kind hält eine brennende Kerze in der Hand. Sie singen fröhlich, ihre Gesichter leuchten. Nur ein kleines Mädchen steht abseits. Eines der glücklichen Kinder fragt es: »Warum machst du nicht mit?« − »Ich kann nicht«, antwortet das Mädchen. »Jedesmal, wenn ich meine Kerze anzünde, löscht meine Mutter sie mit ihren Tränen.«

FEHLER, DIE ELTERN MACHEN

Zwei Lieblingsfehler, die viele Eltern − vor allem Mütter − begehen, sind die folgenden:

1. Angst davor, das Kind groß werden, seine eigenen Erfahrungen machen, sich ein paar Beulen holen zu lassen.
2. Schuldgefühle, wenn die Beulen dann kommen oder aus dem Schätzchen ein Rebell wird – oder noch schlimmer.

Der erste Fehler ist das bekannte »Überbehütungs-Syndrom«. Eine gute Mutter ist wie eine Decke – sie hält das Kind warm, aber sie erstickt es nicht!

Schon das Krabbelkind unternimmt seine Ausflüge auf eigene Faust. Das Zweijährige sagt uns: »Ich selber machen.« Spätestens in der Pubertät ist der Unabhängigkeitskrieg in vollem Gang.

Die Eltern finden natürlich, daß ihre Kids zuweilen gewaltig an Selbstüberschätzung leiden. Und daß sie mit etwas mehr Verstand und Verantwortungsbewußtsein ihren Müttern manche Sorgen ersparen könnten. Vielleicht kennen Sie einige der folgenden Aussprüche – und haben den einen oder anderen selber schon einmal benutzt:

HEILE ELTERNWELT

– »Bring aber das Wechselgeld zurück.«
– »Vergiß nicht, uns anzurufen, wenn du angekommen bist.«
– »Ich hoffe, ich lebe noch, wenn deine Kinder sechzehn werden.«
– »Hör auf zu jammern und iß! Keiner lebt ewig.«
– »Komm nicht zu mir und heul, wenn du dir ein Bein gebrochen hast!«
– »Es wird dir bestimmt Spaß machen.«
– »Du willst doch Mama nicht traurig machen?«
– »Warte nur, bis Papa nach Hause kommt!«

(Verfasser unbekannt)

So wie die Vogelmutter ihre Jungen eines Tages aus dem Nest wirft, damit sie flügge werden, so müssen auch wir unsere Kinder loslassen. Wie eine Autorin schreibt: »Wir klammern uns an unseren Kindern fest, als ob wir Angst hätten, sie Gott anzuvertrauen!«[4]

Ich bin weit davon entfernt, vorzuschlagen, daß wir unsere Kinder vernachlässigen! Aber ich finde wirklich, wir sollten sie früher loslassen. Eine Methode, unseren Kindern das Leben zu schwer zu machen, ist, es ihnen zu leicht zu machen ...

In Kapitel 3 habe ich berichtet, wie ich, als Larry seine eigenen Wege ging, ihn schließlich losließ und beten konnte: »Mach Du es, Herr«. Noch besser ist es, wenn wir dieses Gebet schon sprechen können, wenn unsere Kinder noch klein sind – weil wir einsehen, daß »Gott einen Willen und einen Weg für unsere Kinder hat, auch wenn der Weg vielleicht rauh ist. Gott hat ihr Leben genauso vorhergesehen wie unseres. Früher oder später muß das Kind selber Gott kennenlernen und seine persönliche Beziehung zu ihm aufbauen.«[5]

Kinder sind eine große Hilfe im Alter – und zum Altern!

»Kinder sind eine Gabe des Herrn.« (Psalm 127,3)

IM SCHLAMM DER SCHULDGEFÜHLE

Die zweite Fallgrube, in die viele Eltern fallen, ist der Schuldgefühlssumpf, den Erma Bombeck einmal ein »Gefühlfaß ohne Boden« genannt hat. Ein roter Faden in vielen der Briefe, die mich erreichen, ist das Gefühl des Versagens, das so viele Eltern überfällt, wenn ihr Kind gegen sie und ihre Werte rebelliert. Wie eine Mutter es ausdrückte:

> Ich weiß, daß wir nicht die einzigen sind; vielen anderen Eltern geht es genauso. Und wir wollen doch treu sein und fest stehen, wir wollen glücklich sein! Wir wollen dieses Elend nicht – aber wir haben versagt.

Besonders übermächtig wird dieses Gefühl, wenn der Sohn oder die Tochter sagt: »Daß ihr's wißt: Ich bin schwul – immer schon gewesen.« Eine solche Mutter – ihr Sohn war in der Kirche aufgewachsen und hatte ein christliches College besucht, weil er in der Drogenarbeit tätig werden wollte – schrieb mir:

Barbara, ich dachte, ich wüßte voll Bescheid – bis es auf einmal *mein* Sohn war. Es ist mein Geheimnis, meine große Schande. Daß meine beiden Kinder um Welten voneinander entfernt sind – das tut so weh! Wie ist das nur gekommen? Warum? Was kann ich tun? ... Ich bin verzweifelt ... Helfen Sie mir, meinem Kind zu helfen!

Eine andere Mutter beschrieb mir am Telefon und in einem Brief, wie der schwule Lebensstil ihres Sohnes sich auf die beiden jüngeren Geschwister und die ganze Familie auswirkte. Es brach ihnen fast das Herz, aber die Eltern mußten dem jungen Mann schließlich die Tür weisen, damit er nicht die ganze Familie zerstörte. Zuerst reagierte er wütend, und sie hörten kaum noch von ihm. Dann verbrachte er das Weihnachtsfest zu Hause, was ganz gut ging – vor allem, weil die Eltern sich nicht auf Diskussionen und Verurteilungen einließen. Doch die Beziehung ist nach wie vor gespannt. Die Mutter schreibt:

Mein Mann und ich können gar nicht verstehen, wie er auf diesen Weg kommen konnte. Wir haben ihn doch im Glauben an Gott und an die Erlösung durch Jesus Christus erzogen! Mein Mann verspürt eigentlich nur noch Wut – und Erleichterung, daß er nicht mehr im Haus ist. Aber ich muß Gott täglich bitten, mir die Kraft zu geben, Ihm zu vertrauen. Ich habe meinen Sohn in Seine Arme gegeben, ja, aber jeden Tag sorge ich mich neu. Ich suche die Zeitung nach Meldungen ab, und wenn ich in dem Viertel bin, wo er wahrscheinlich wohnt, suche ich ihn in den Straßen.
P.S. Haben Sie einen Tip, wie man sich nicht so schuldig fühlt? Vor allem seit wir ihn hinausgeschmissen haben, fühle ich mich wie eine Heuchlerin, obwohl uns ja nichts anderes übrigblieb. Ein Teil von mir möchte ihn zurück nach Hause holen und für ihn sorgen.

Eine andere Mutter schrieb mir, wie ihr Sohn seit seiner Ehescheidung wieder bei seinen Eltern wohnt und »zuviel trinkt«.

Seine beiden kleinen Mädchen besuchen ihn jedes zweite Wochenende. Die Mutter in ihrem Brief:

> Wir hatten ihn doch christlich erzogen, und ich kam mir wie eine riesengroße Versagerin vor. Es muß wohl Gott gewesen sein, der mich in den Buchladen führte und mir Ihr Buch mit seinen Worten der Freude in die Hände gab.... Das hat mir so meine Augen geöffnet. Ich weiß jetzt, daß ich ihn einfach lieben und das Ändern Gott überlassen muß. Wir Eltern meinen ja immer, wir müßten unsere Kinder ändern, aber das ist Gottes Sache, nicht unsere.

Diese Mutter hat es kapiert! Es ist unsere Aufgabe, unsere Kinder zu lieben — und Gottes Sache, ihr Herz zu ändern.

Wenn ein Kind falsche Wege einschlägt, fragen die Eltern automatisch: »Was haben wir falsch gemacht?« Ich antworte ihnen dann: »Nichts, was die meisten anderen Eltern nicht auch falsch gemacht haben. Gott verlangt von uns nur, daß wir treu sind, und nicht, daß wir auch erfolgreich sind.«

Eltern können nur ihr Bestes tun — nicht mehr und nicht weniger. Und was sie tun oder lassen, muß keineswegs den Ausschlag dafür geben, was aus ihren Sprößlingen wird. Viele Jahre lang haben Verhaltenspsychologen gesagt, daß die Umgebung des Kindes der Hauptfaktor bei seiner Entwicklung sei; inzwischen suchen mehr und mehr Psychologen die entscheidende Prägung in der Erbanlage. Wir sehen: Selbst die Experten sind sich nicht einig; wahrscheinlich spielt beides, Umgebung und Vererbung, eine Rolle.

Aber der springende Punkt ist: Eltern, ihr braucht euch nicht schuldig zu fühlen für das, was eure Kinder aus ihrem Leben machen! Laßt euch statt dessen von Gott trösten und vergeßt nicht:

1. WAS ICH NICHT BEHERRSCHEN KANN, HABE ICH AUCH NICHT ZU VERANTWORTEN.

2. GOTT HAT DAS LETZTE WORT DARÜBER, WAS AUS EUREN KINDERN WIRD.

Und vergessen wir auch nicht, daß Gott Gnade in Hülle und Fülle für uns hat. Egal wie elend und schuldig Sie sich fühlen, Gottes Gnade reicht auch dafür aus!

Weil wir sehr viel mit Tonbandkassetten arbeiten, kaufte Bill mir etwas höchst Praktisches: ein Bandlöschgerät. Man schiebt eine Kassette hinein, und wenn man sie wieder heraus nimmt, ist sie *leer*. Irgend etwas in dem Zauberapparat löscht das Band total, so daß man wieder neue Aufnahmen damit machen kann.

Ich habe auf diesem Gerät – es ist kaum größer als eine Kassette – einen Aufkleber angebracht, der ein kleines Mädchen zeigt, das sagt: »Lieber Gott, wenn du den Leuten vergibst, benutzt du dann auch einen Bandlöscher?«

Wenn ich manchmal da sitze und Hunderte von Kassetten lösche, muß ich an jenes wunderbare Land des Neubeginns denken, wo Gott uns all unsere Schuld vergibt und uns von allem Bösen reinigt (1. Johannes 1,9). Jesus hat ALLE meine Sünden auf sich genommen und unseren GANZEN Schuldschein zerrissen. So wie mein kleines Kassettenlöschgerät ein Tonband löscht und wie neu macht, so reinigt und erneuert Gott mein Herz.

Und was am wichtigsten ist: Gottes »Löschgerät« ist immer in Betrieb, bei jedem neuen Versagen von uns, bei jedem Fehler!

Vielleicht kennen Sie die Geschichte von dem Pastor, der etliche hohe Kirchentiere zu Gast bei sich hatte. Seine Frau hatte ein festliches Essen auf den Tisch gebracht und ihr bestes Porzellan aus dem Schrank geholt. Der siebenjährige Sohn saß auch mit am Tisch, und als er nach irgend etwas langte, kippte ihm sein Wasserglas um. Ein peinlicher Augenblick. Der Junge schaute voll Angst zu seinem Vater hin, der ihn fest ansah.

Und dann – stieß der Pastor sein eigenes Glas um, daß das Wasser über das Tischtuch spritzte. Und die Gäste taten es ihm einer nach dem anderen nach. Sie spürten, daß der Vater nicht wollte, daß sein Sohn sich ganz allein schuldig fühlte. Er stand zu seinem Sohn in diesem peinlichen Augenblick.

Diese kleine Geschichte gibt uns nur eine schwache Ahnung davon, was Gnade ist. Aber sie kann uns helfen, zu sehen, wie Gott sich mit all unserem Leiden und Versagen identifiziert. Und in diesem Identifizieren *überschüttet er uns förmlich mit seiner Liebe*. Er hat mehr als genug Gnade für jeden von uns!

ERFAHRUNGEN VON HEUTE –
ERINNERUNGEN VON MORGEN

Anstatt Ihre Kinder überzubehüten und zu verwöhnen und anschließend Schuldgefühle zu bekommen, wenn sie auf Abwege geraten, sollten Sie lieber jede Gelegenheit nutzen, gute Erinnerungen zu schaffen. Die überbehütende Mutter konzentriert sich so auf das Kind, daß es schier erstickt – und sie selber mit. Gute Erinnerungen schaffen dagegen heißt, daß man das Kind *und sich selbst* sieht; ich tue etwas, an das *wir beide* uns später gerne erinnern werden.

In Kapitel 2 habe ich die »bittersüßen« Erinnerungen beschrieben, die Trauerzeiten leichter machen können. Aber es gibt auch die »lieben« Erinnerungen – die Erinnerungen an Träume und Pläne und glückliche Augenblicke, die zu meinem Leben gehören.

DAS GEDÄCHTNIS IST EINE WUNDERBARE SCHATZTRUHE;
MAN MUSS SIE NUR RICHTIG ZU FÜLLEN WISSEN.

Field of Dreams (»Feld der Träume«) hieß ein Film, der in Amerika so manchem gestandenen Mann die Tränen in die Augen trieb. Der Film erzählte die Geschichte eines Mannes, der ein Maisfeld in Iowa in ein richtiges Baseballstadion verwandelte, und er brachte in den Herzen vieler Männer eine Saite zum Schwingen; er erinnerte sie an die Tage, wo sie selber Baseball spielten und vielleicht gar davon träumten, einer der großen Stars zu werden.

Unsere Erfahrungen von heute sind unsere Erinnerungen von morgen. Wenn ich die über fünfzig Jahre zurückschaue in die Zeit, wo ich ein kleines Mädchen war, sehe ich sie auf Schritt und Tritt, die Erinnerungen, die mir zeigen, wer ich bin und woher ich komme.

Ich begann zu singen, als ich etwa drei Jahre alt war. Mein Vater, der für die Musik in unserer Kirche zuständig war, förderte mich nach Kräften. Da kam zum Beispiel Bill Sunday, der Billy Graham jener Tage, in unsere Stadt. Mein Vater stellte mich auf einen Stuhl, so daß ich an das Mikrofon herankam, und ließ mich während der Evangelisationsgottesdienste singen. Die Gottesdienste wurden in einem großen Zelt abgehalten, dessen Boden mit Sägespänen bedeckt war – daher der

Spitzname »Sawdust trail« (»Sägemehltournee«) für Bill Sundays Evangelisationen. Wenn ich heute frisch gesägtes Holz rieche, erinnere ich mich sofort an diese Zeltversammlungen. Und an die Lieder, die ich sang. Eines ging so:

Gott sieht jede Träne an
und das Herz, das weh und bang.
Ist dein dunkler Weg auch lang,
gib nicht auf: Gott geht voran.

Ein anderes Lied sang ich immer mit der Gemeinde zusammen:

Wir sind alle fröhlich. SINGT AMEN!
Wir sind alle fröhlich. SINGT AMEN!
Preist den Herrn für seine Tat,
preist ihn, der den Sieg uns gab!
Wir sind alle fröhlich. SINGT AMEN!

Die Leute sangen jeweils den ersten Teil der Zeile, und ich piepste so laut ich konnte das »SINGT AMEN!«
Einmal bekam unsere Gemeinde Besuch von Chinamissionaren, die mir ein Lied mit chinesischem Text beibrachten. Für mich klang es so:

Don juh ting wah tschih ...
Don juh ting wah tschih ...
Hai loh ling tam fai lou,
Don juh ting wah tschih.

Wenn ich diesen Zungenbrecher sang, wollte der Beifall kein Ende nehmen. Ein kleines Mädchen, das Chinesisch konnte — allerhand! Als ich ein paar Jahre später dieses Lied chinesischen Freunden vorsang — es waren echte Chinesen —, verstanden sie kein Wort ...
Dann meine Zu-Bett-Geh-Zeremonie. Ich saß auf Vaters Schoß, und der wiegte mich hin und her, während wir beide die Radiosendung »Amos und Andy« hörten. Sie endete um punkt halb acht, und dann war es Zeit, ins Bett zu gehen. Manchmal mußte meine große Schwester, die acht Jahre älter war als ich, mich ins Bett bringen. Um mich schneller loszuwerden, stellte sie die Uhr listig um eine Stunde vor. Aber mir konnte sie

nichts vormachen; ich wußte: Solange ich nicht den letzten Ton von »Amos und Andy« gehört hatte, war es noch nicht Zeit, zu Bett zu gehen!

DAS SALBENFAHRRAD

Eltern schreiben — manchmal ohne es zu merken — viele Dinge in die Herzen ihrer Kinder. Was wir als Menschen sind — unsere Moral, unser ganzer Charakter —, kann sich ihnen unauslöschlich einprägen.

Als ich vielleicht zehn Jahre war, las ich irgendwo eine Anzeige, in der es hieß, daß man sich ein Fahrrad verdienen konnte, wenn man hundert Töpfe Cloverine-Salbe verkaufte. Ich beredete meine Mutter, hundert Töpfe zu bestellen. Verkaufen würde ich sie selber — und mir bald mein Fahrrad verdienen, was sonst? Die Salbe war, wie der Hersteller versicherte, für alles und jedes gut — Kuheuter, Waschmaschinen, Schnittwunden, quietschende Türangeln. Heute wäre sie wohl ein Mittelding zwischen Vaseline und Schmieröl.

Ich weiß noch genau, wie ich von Tür zu Tür ging und meine Salbe anpries. Es war Winter und bitterkalt. Die Schneeflocken wirbelten um meinen Kopf. Der Sack, in den ich meine Salben gepackt hatte, schien zentnerschwer zu sein. Meine Galoschen waren außen und innen naß von dem tiefen Schnee, meine Füße Eisklumpen in den feuchten Strümpfen. Bei jeder Haustür mußte ich als erstes meine wollenen Fausthandschuhe ausziehen, um die Türklingel drücken zu können. Bald waren meine Finger wie Eiszapfen.

Aber obwohl ich die Salbe mit Engelszungen anpries — keiner wollte sie haben. Wenn Sie jemals einen richtig kalten Winter erlebt haben und durch Schnee und Matsch und den eisigen Wind gestapft sind, können Sie sich vorstellen, wie wild entschlossen ich gewesen sein muß, die Salbe zu verkaufen. Aber an jeder Tür hieß es: »Nein, danke« — und dann nahm ich wieder meinen Sack und ging weiter, zur nächsten Tür, angetrieben von der Hoffnung auf das chromglänzende Fahrrad.

Nach jeder »Verkaufstour« kam ich total entmutigt zurück, weil mein Salbensack kein Gramm leichter geworden war. Immer noch stapelten sich die Salbentöpfe in unserer Garage, mein heißersehntes Fahrrad schien ein zerronnener Traum zu sein. Sicher,

150

ein paar Salben hatten mitleidige Verwandte mir abgekauft, aber das war auch alles. Hundert? Nicht daran zu denken ...

Ich wollte schließlich aufgeben, da rettete mich mein Vater. Er hatte so oft gesehen, wie ich mit durchnäßten Kleidern, klappernden Zähnen und frostgerötetem Gesicht wieder nach Hause kam. Er wußte, daß mein Vorhaben unmöglich war — es war die große Wirtschaftskrise, und keiner hatte Geld übrig für Wundersalben. Aber er wollte doch auch, daß mein Traum sich erfüllte — und so kaufte er mir sämtliche noch übrigen Töpfe Cloverine-Salbe ab! »Die brauchen wir schon noch auf«, sagte er. Gerührt schaute ich zu, wie er die Postanweisung zur Bezahlung ausfüllte, und dann rannte ich zum Briefkasten an der Ecke und warf sie ein.

Mehrere Wochen wartete ich voller Vorfreude. Bald, bald würde ich durch unser Viertel fahren, mein Haar würde im Fahrtwind fliegen und klingeln würde ich wie eine Weltmeisterin. Bald hätte ich es — *mein eigenes Fahrrad!*

Und das Fahrrad kam, als Postpaket. Es war aus Aluminium, an die 40 Zentimeter lang und 15 Zentimeter hoch. Ein *Spielzeugfahrrad.* Nicht die chromblitzende Erfüllung aller meiner Träume, sondern ein Spielzeug, das man in zwei Händen halten konnte, hatte ich bekommen. Ich weinte bitterlich.

Mein Vater sah meine Tränen, und ein paar Stunden später saßen wir im Auto und fuhren in die Stadt, wo er mir ein schönes, rotes, richtiges Fahrrad kaufte. Damals, in der Wirtschaftskrise, kriegte man solche Luxusartikel nicht überall, aber wir gingen in ein Geschäft nach dem anderen, bis wir endlich »mein« Rad gefunden hatten.

Jahrelang hegte und pflegte und fuhr ich dieses Rad. Meine Eltern müssen es sich vom Mund abgespart haben. Und wenn ich dann und wann, in einem alten Katalog oder auf einem Poster in einem Antiquitätenladen, wieder eine Werbung für Cloverine-Salbe sehe, dann muß ich an ihn zurückdenken — den Freudentag, als Vater mir mein Fahrrad kaufte.

DINGE, DIE WIR NIE VERGESSEN

Wenn wir auf unsere Kindheit zurückblicken, finden wir manche »Dinge, die wir nie vergessen werden«. Hier ein paar Sachen, die mir besonders lieb in Erinnerung sind:

1. Mit Oma oder Opa wilde Veilchen oder Walnüsse pflücken.
2. Krank sein, nicht zur Schule müssen und Erdbeereis für den Hals essen.
3. Das erste Mal, wo ich in einem Zelt schlief.
4. Picknickausflüge mit der ganzen Familie.
5. Glühwürmchen fangen und sie in einer Flasche leuchten lassen.
6. Gemeinsam eine Lieblingssendung im Fernsehen anschauen.

Als ich heute morgen unseren Fernseher einschaltete, hörte ich die Erkennungsmelodie der über dreißig Jahre alten Serie »Die kleinen Racker«. Wie gebannt saß ich vor dem Bildschirm und hörte die Lieder und sah die Streiche von Spankey, Darla und Alfalfa. Und ich dachte zurück an das Kichern und Quietschen und Lachen meiner Jungen, als sie die »Kleinen Racker« sahen.

Ich schaute den Rackern zu, wie sie in einem klapprigen Auto durch die Straßen kurvten und Alfalfa laut und falsch dazu sang, und dachte daran zurück, wie wir samstags morgens immer gelacht hatten. Und dann merkte ich, daß dies ja alles lange vorbei war — die Racker und, ja, die vier kleinen Jungen, die sich nicht einkriegen konnten vor Lachen. Ich saß allein vor dem Fernseher — allein mit meinen Erinnerungen.

Ich hätte jetzt wahrscheinlich melancholisch werden können. Aber statt dessen erinnerte ich mich an Philipper 4,8 und wie wichtig es ist, an das zu denken, was gut und rein ist — und auch fröhlich. (Ich bin sicher, Paulus wollte dieses Wort noch hinzufügen.) Und so genoß ich es wieder, das helle Lachen unserer Jungen, und fast roch ich wieder die Cornflakes mit Bananenscheiben, die sie dabei verschlangen. Und ich lachte mit ihnen.

DIE GESCHICHTE VOM SCHRUMPFPULLOVER

Ja, unsere Erfahrungen von heute sind unsere Erinnerungen von morgen, und ich danke Gott, daß ich so viele habe. Als Steve noch zur Schule ging, strickte seine Freundin ihm einen schönen hellgrünen Pullover. Wir riefen alle unser »Ah!« und »Oh!«, als er damit nach Hause kam; es war ein Meisterstück. Steve war mächtig stolz auf diesen Pullover.

Aber zwei Tage später kam er ganz geknickt von der Schule nach Hause. In der Pause war ihm eine halbe Tasse Kakao auf seinen neuen Pullover gekommen! Das gute Stück war ruiniert, meinte Steve.

Ich sagte: »Reg dich ab. Den wasch ich, dann ist er wieder wie neu.«

»Nichts da!« protestierte er. »Der läuft dir nur ein! Hände weg von meinem Pullover!«

Ich lächelte diplomatisch, und als Steve wieder in der Schule war, tat ich das, was jede Mutter in so einem Fall tut: Ich wusch den Pullover vorsichtig, und siehe da, kein Fleck war mehr zu sehen. Als ich ihn in Steves Kommode legte, kam mir ein Gedanke: Es mußte doch wohl möglich sein, meinem Sohn einen kleinen Streich zu spielen. Was, wenn er dachte, daß sein Pullover tatsächlich ruiniert war, nur um ihn anschließend sauber gefaltet in seiner Schublade zu finden?

Als ich ein paar Stunden später einkaufen ging, kam ich an einem Laden vorbei, der Ken- und Barbie-Puppen nebst sämtlichem Zubehör verkaufte. Ich schaute ins Fenster, und was sahen meine Augen? Einen handtellergroßen hellgrünen Pullover, der genauso aussah wie der von Steve, nur halt fünfzehnmal kleiner. Das Ding mußte ich haben!

Ich ging in den Laden, kaufte den Mini-Pullover und sauste nach Hause. Nur noch ein paar Minuten, und Steve würde von der Schule zurückkommen. Ich legte den Puppenpullover auf sein Bett und ging in die Küche, um auf meinen Sprößling zu warten.

Er kam, sagte sein »Hey, Mama!« und ging schnurstracks auf sein Zimmer. Ich richtete weiter, leise vor mich hinsummend, das Essen.

Da kam er, der Entsetzensschrei: »Mein Pullover! Was hast du mit dem gemacht? Der ist ja so groß wie'n Taschentuch! Du hast ihn *gekocht*, gib's zu, der ist ruiniert!«

Ich ging scheinheilig erstaunt in sein Zimmer, um zu sehen, was der arme Junge hatte. Er stand fassungslos neben dem Bett und versuchte, den Puppenpullover in die Länge zu ziehen. »Ach ja«, murmelte ich, »der ist wohl ein bißchen eingelaufen beim Waschen . . . «

Ich ließ ihn noch ein paar Sekunden in seinem Elend und fing dann an zu lachen. »Steve, hast du wirklich gedacht, ich würde was ruinieren, was dir so lieb ist?« fragte ich und öffnete seine Schublade. Da lag der Pullover, frisch und duftig und in voller Größe.

Steves strahlende Augen, als er den richtigen Pullover aus der Schublade holte, werde ich nie vergessen. Ich höre es jetzt noch, wie er mit schelmischer Erleichterung in der Stimme sagte: »Ah, ich wußte doch, daß du ihn nicht *wirklich* ruinieren würdest ...«

Er hatte natürlich gedacht, ich hätte ihn ruiniert, aber er lachte trotzdem — ob über meinen gelungenen Streich, ob aus purer Erleichterung, ich weiß es nicht.

Als ich nach Steves Tod auf Frauenkonferenzen zu sprechen begann, nahm ich den Puppenpullover mit. Wieder und wieder zeigte ich ihn, bis er unansehnlich wurde. Mindestens fünf Frauen haben mir einen Ersatzpullover gestrickt, in exakt der gleichen Farbe und mit dem gleichen Schnitt. Aber ich habe immer noch auch das Original, das mir jedesmal, wenn ich diese Geschichte erzähle, so liebe Erinnerungen bringt.

SCHLAF, KINDCHEN, SCHLAF

Kürzlich schickte mir Barneys Frau, Shannon, ein entzückendes Stickbild mit dem Gedicht, das auf der folgenden Seite erscheint.[6] Es ist nicht nur entzückend, es ließ in mir auch viele Erinnerungen an jenen kleinen Jungen hochkommen, den ich mit so viel Liebe aufzog. Die besten Erinnerungen einer Mutter sind ja die, die sie tief in ihrem Herzen aufbewahrt und die niemand außer ihr kennt. Unser Barney war ein Weihnachtsgeschenk. Er wurde am 22. Dezember geboren, und drei Tage später, am Weihnachtsmorgen, brachte ich ihn in einem großen roten Nikolausstrumpf nach Hause. Unser kleines Weihnachtspaket bekam bald Koliken und weinte viel, besonders nachts. Ich habe später immer gesagt, wenn Barney mein Erster gewesen wäre, wäre er auch mein Letzter geblieben ...

Barney verkörperte zwei meiner Lieblingssprüche:

WER SAGT, DASS ER WIE EIN BABY SCHLÄFT,
HAT KEINES IM HAUS.

L.J. Burke[7]

* * * * * *

WAS IST EINE MINDERHEITSREGIERUNG? – DAS BABY IM HAUS.

Um Barney zum Schlafen zu kriegen, wickelte ich ihn fest in eine Decke, legte ihn in einen Wäschekorb, stellte den Korb auf den Wäschetrockner (*auf* den Trockner, nicht *in* den Trockner!) und schaltete den Trockner ein, worauf das Vibrieren und Summen den Kleinen in den Schlaf lullte.

An meine Schwiegermutter.

Du wurdest meine Mutter, als Deinen Sohn ich nahm.
Jetzt möchte ich Dir danken für das, was Du getan.
Du gabst mir einen guten Mann für jeden Lebenstag,
Sohn einer lieben Mutter, den ich so sehr mag.
Du küßtest seinen Wuschelkopf, jetzt halt ich seine Hand.
Du liebtest einen kleinen Bub... und gabst mir einen Mann.

In Liebe, Deine Schwiegertochter

Als nächstes stellte ich die Zeituhr des Trockners auf 58 Minuten ein (bei 60 hätte sie Barney aufgeweckt) und meinen Wekker am Bett auf ein paar Minuten weniger und legte mich hin. Wenn mein Wecker klingelte, stand ich rasch auf, stellte die Zeituhr neu ein und hoffte, daß Barney auch die nächsten 58 Minuten durchschlafen würde. In den ersten sechs bis sieben Monaten war das die einzige Methode für mich, etwas Nachtschlaf zu bekommen. Wenn ich nicht jede Stunde die Zeituhr neu stellte, wurde Barney laut protestierend wach — und ich auch.

Der Trocknertrick funktionierte, bis Barney etwa sieben Monate alt war und alsbald lernte, aus dem Korb heraus- und von dem Trockner herunterzukriechen. Zum Glück waren seine Koliken jetzt nicht mehr so heftig, so daß wir trotz allem schlafen konnten.

Ich weiß nicht mehr, wie oft ich ihn selber in den Schlaf gewiegt und ihm dabei vorgesungen und Geschichten erzählt habe. Es ist fast etwas Magisches um das Wiegen und Schaukeln. Es beginnt ja damit, daß das Kind im Mutterleib gewiegt wird, wenn die Mutter sich bewegt. Die meisten von uns sind auch als Kleinkinder gewiegt worden, und noch als Erwachsene genießen wir unseren Schaukelstuhl.

Schaukeln, Wiegen — es ist so beruhigend, so tröstend. Ich finde, daß jedes Haus einen Schaukelstuhl braucht, und das nicht nur für die Kinder. So mancher alte Mensch, der über den Verlust eines verstorbenen oder weggezogenen Freundes trauerte, hat Trost in seinem Schaukelstuhl gefunden. In einem Restaurant in unserer Nachbarschaft muß man warten, bis man einen Tisch zugewiesen bekommt. In dem »Warteraum« sind zwanzig Schaukelstühle aufgestellt. Bill und ich finden sie so prima, daß wir fast enttäuscht sind, wenn wir schnell einen Tisch bekommen.

Heute brauche ich Barney längst nicht mehr in den Schlaf zu wiegen. Er ist ein großer, kräftiger Mann geworden, über 1,80 Meter groß und 80 Kilo schwer. Vor kurzem bekam ich etwas ganz Besonderes von ihm. Auf seiner Heimreise von seinem Florida-Trip (dem ohne Bienenallergiemittel) schrieb Barney mir einen Brief:

Mutter, ich habe Dir immer schon schreiben wollen, aber einfach nie die Zeit gehabt! Jetzt, wo ich hier im Flugzeug sitze, geht es endlich. Ich möchte Dir sagen, daß ich Dich echt mag und liebe und weiß, daß Du mich auch liebst. Es gab Zeiten in meinem Leben, wo ich etwas anders hätte machen sollen oder machen können, aber daß ich heute da bin, wo ich bin, und das gerne, verdanke ich Dir und Vater, die den Mädchen, Shannon und mir so viel Liebe geschenkt und uns geholfen haben, durchzuhalten.

Ich liebe Euch, ich bin stolz auf Euch. Ich kann gar nicht sagen, wie dankbar ich für Dich und Vater bin. Ich bin jetzt seit zwei Jahren Unternehmer und sehe, wo meine Angestellten herkommen und wie sie aufgewachsen sind. Ich kann nur sagen: Ich bin ein Glückspilz, daß ich Vater und Dich als Eltern hatte!

In Liebe, Barney

Ich hatte Tränen in den Augen, als ich den Brief fertig gelesen hatte. Aber so sind wir Mütter nun einmal. Wie jemand einmal sagte:

KINDER — ENTWEDER GEHEN SIE UNS AUF DIE NERVEN
ODER AUF DIE TRÄNENDRÜSEN.

Ich bin froh, daß ich mein Quantum von beidem mitbekommen habe — ich hoffe, Sie auch!

KINDER, KINDER ...

Aus dem Aufsatz eines kleinen Mädchens:
Wenn wir die Eltern kriegen, sind sie schon so alt, daß man sie kaum noch erziehen kann!

* * * * * *

Eine Mutter mit einem kleinen Jungen im Schlepptau zu ihrem Pastor im Vorraum der Kirche: »Herr Pastor, ich möchte gern so wie Hanna im Buch Samuel sein. Sie wissen ja, die hat ihren Sohn im Tempel abgeliefert!«

* * * * * *

WIE HALTE ICH MEINE GROSSEN KINDER ZU HAUSE?
EINFACH — EINE NETTE ATMOSPHÄRE SCHAFFEN
UND DIE LUFT AUS IHREN REIFEN LASSEN.

* * * * * *

Eine Mutter zu einer alten Studienfreundin: »Weißt du noch?
Bevor ich geheiratet hab, hatte ich drei Theorien über Kinder-
erziehung. Jetzt hab ich drei Kinder und keine Theorie mehr.«

* * * * * *

GEHEIMTIP DER WOCHE:
STAUBSAUGEN ÜBERTÖNT DIE KINDER!

* * * * * *

SCHULTAGE KÖNNEN DIE GLÜCKLICHSTEN TAGE DEI-
NES LEBENS SEIN,
WENN DIE KINDER ALT GENUG SIND, UM HINZUGEHEN.

* * * * * *

Pullover. [pul'o:ver] *Kleidungsstück, das Kinder tragen,
wenn ihre Mutter friert.*

* * * * * *

KINDER — VOM SCHOSS,
AUS DEM HAUS,
ABER NIE AUS DEM HERZEN.

* * * * * *

WILLST DU MORGEN IN DER ERINNERUNG
DEINER KINDER SEIN,
DANN SEI HEUTE IN IHREM LEBEN.

* * * * * *

Ihr Eltern, behandelt eure Kinder nicht ungerecht! Sonst fordert ihr sie nur zum Widerspruch heraus. Eure Erziehung muß vielmehr in Wort und Tat von der Liebe zu Christus bestimmt sein (Epheser 6,4, Hoffnung für alle).

KAPITEL 9

HERR, HILF, DASS ICH KEIN BESEN BIN, DENN MORGEN MUSS ICH IHN FRESSEN

Durch Erfahrung klug werden tut weh.
Aus Erfahrung nicht klug werden tut noch mehr weh.

In meiner Arbeit mit zerrissenen Familien werde ich immer wieder an diesen Spruch von Ashleigh Brilliant erinnert:

WENN ICH MEINE LIEBEN NUR LIEBEN KÖNNTE![1]

So viele Eltern und ihre erwachsenen Kinder tappen in eben diese Falle. Sie möchten so gerne zusammenkommen, aber das Wasser der Meinungsverschiedenheiten, der verletzten Gefühle, der Bitterkeit ist viel zu tief. Sie versuchen, Worte über trennende Schluchten zu schicken, aber oft kommen die Worte nicht an — oder sie kommen so verdreht an, daß die Kluft noch breiter und tiefer wird.

Ich weiß, wie sich das anfühlt, und ein Begebnis an einem Ostersonntag hat mich lebhaft daran erinnert, wie schön es ist, wenn man mit Herz und Toleranz miteinander umgehen kann. An diesem Ostersonntag besuchte Larry uns zum Mittagessen; anschließend fuhr er in seine Wohnung, die etwa eine Stunde entfernt lag. Zwei Stunden später rief er mich an: »Mutter, du glaubst nicht, was mir auf der Rückfahrt passiert ist!«

Er klang ganz aufgeregt, und wie jede Mutter wurde ich sofort selber aufgeregt. Was um alles in der Welt war da geschehen? Aber da fuhr Larry auch schon fort: »Vor der Autobahn mußte ich tanken, und da hat die Zapfpistole verrückt gespielt — das Benzin lief und lief und wollte nicht mehr aufhören. Ich hab das Zeug überallhin gekriegt — in die Haare, in die Augen und auf den neuen Pullover, den du mir geschenkt hast!«

»Mein Gott!« sagte ich. »Und was hast du gemacht?«

»Ich bin in die Toilette, hab den Pullover ausgezogen und in den Abfalleimer geworfen. Meine Hosen waren auch voll von Benzin, aber die konnte ich schlecht wegwerfen. Die Schuhe

160

auch. Ich hab das Benzin bezahlt und bin nach Hause gefahren. Mensch, was bin ich froh, daß keiner 'ne Zigarette aus seinem Fenster in meins geschmissen hat, ich wär' glatt explodiert! Jetzt steige ich gleich in die Badewanne, und die anderen Sachen, die ich anhatte, muß ich wohl auch wegwerfen!«

Ich sagte Larry etwas von der Art: *Wie gut, daß dir nichts passiert ist* und dankte ihm für den Anruf. Aber als wir aufgehängt hatten, mußte ich an den Pullover denken. Ich hatte ihn Larry zu Weihnachten geschenkt; er war 100 Prozent Baumwolle und dunkelrot, und Larry hatte ihn sehr gemocht. Und jetzt lag das schöne Stück in dem Abfalleimer einer Tankstellentoilette?

Ich bewaffnete mich mit einer großen Plastiktüte und begann, die Fullerton Road entlangzufahren — der direkteste Weg zur Autobahn. An der ersten Tankstelle hielt ich an, stieg mit meiner Plastiktüte aus und knöpfte mir den Tankwart vor: »War hier vor ein paar Stunden ein junger Mann, der sich ganz mit Benzin vollgespritzt hat?«

Der Tankwart sah mich skeptisch an und sagte: »Nee, meine Dame, so was kommt bei uns nicht vor . . . «

Bei sechs weiteren Tankstellen das gleiche Spiel. Dann kam die achte und letzte. Einen Block dahinter war schon die Autobahn. *Hier oder nirgends*, dachte ich. Ich stieg mit meiner Plastiktüte aus und sagte meinen Spruch auf. Und diesmal sagte ein reizender junger Mann: »Ach, der? Sie, das war uns ja echt peinlich, der war 'ne wandelnde Zapfsäule!«

»Das war mein Sohn«, sagte ich. »Der hat seinen Pullover hier in der Herrentoilette in den Abfall geworfen, und ich will ihn wiederholen.«

Der junge Mann ging in die Toilette und kam richtig mit Larrys Pullover in meiner Plastiktüte zurück. Ich dankte ihm überschwenglich und fuhr zurück nach Hause. Nach zwei Minuten stank es im ganzen Auto nach Benzin. Als ich Bill von meinem Fund berichtete, sagte er: »Schön, laß das Ding draußen auslüften, sonst ersticken wir hier drin.«

Gut. Ich legte das lädierte Stück schön auseinandergebreitet auf einen Gartenstuhl und ließ es die ganze Nacht dort. Ausgerechnet in dieser Nacht (wir wohnen, wie gesagt, in Südkalifornien) kam ein Wolkenbruch, und am Morgen war der Pullover eine Art Matschklumpen aus Benzin und Regenwasser. In diesem Zustand konnte ich ihn noch nicht einmal in die chemische Reinigung bringen.

Von Mutter mit Kölnischwasser

Ich wrang den Pullover so gut es ging aus und wusch ihn anschließend mindestens dreimal, mit Wollwaschmittel nebst drei verschiedenen Weichspülern. Und – o Wunder – der Pullover war wieder sauber, frisch und neu und weicher als weich. Ich faltete ihn zusammen, legte noch ein paar mit Bills Aftershave und Kölnischwasser getränkte Papiertücher dazu und verstaute das Paket in einer Schachtel.

Am liebsten hätte ich Larry den Pullover zum 1. April zurückgeschickt. Aber es war schon der 1. April. Nun, ich schaffte es immerhin noch, ihn am gleichen Tag abzuschicken; er würde also am 2. April ankommen. Ich konnte es kaum erwarten, daß Larry mich anrief, um die unverhoffte duftende Auferstehung seines Pullovers zu bestätigen.

Die ganze Woche wartete ich auf seinen Anruf, aber der kam nicht. Inzwischen war es Freitag – sechs Tage nach meiner Rettungsaktion. Am Wochenende mußte ich auf einer Frauenfreizeit in einem Tal nördlich von Los Angeles sprechen. Kurz bevor ich fuhr, teilte ich Larry über seinen Anrufbeantworter mit, daß ich auf dem Rückweg am Sonntag bei ihm vorbeikommen würde, um mit ihm in einem nahegelegenen Restaurant zu Mittag zu essen.

Der Sonntag kam. Ich kam sehr zeitig an und beschloß, die kurze Strecke vom Restaurant zu Larrys Wohnung zu laufen. Ich klingelte, und Larry riß die Tür auf. Da stand er, in seinem dunkelrot leuchtenden Pullover, und sagte: *»Riech mich, Mama, riech mich!«*

Sein Platz auf der Bühne war leer

Während des ganzen Mittagessens sprachen wir über den Pullover. Larry konnte es kaum fassen, daß ich ihn a) wiederbekommen und b) den Benzingeruch herausgebracht hatte. Wir lachten und freuten uns unseres Lebens. Es war eine Lust, zu leben an diesem Tag.

Und meine Gedanken gingen zurück zum 21. Oktober 1975, als ich in eben diesem Gebäude – dem Dorothy Chandler Music Center – gesessen hatte und am Boden zerstört gewesen war, weil Larry nicht mit mir sprechen wollte. Vier Monate zuvor hatte ich von seiner Homosexualität erfahren, und nach einem heftigen Wortwechsel war er ausgezogen und in der Schwulenszene verschwunden. Und ich hatte mich in mein Bett und meine Depressionen zurückgezogen.

Monatelang hatten wir nichts von ihm gehört. Dann, im Oktober, las ich in der Los Angeles Times, daß der Chor, in dem Larry sang, im Music Center ein Konzert geben würde. Zusammen mit meiner Schwester ging ich hin – und da stand er in dem Chor, mein lächelnder Sohn, der vier Monate lang nichts von sich hatte hören und sehen lassen. Während der ganzen ersten Programmhälfte ließ ich meinen Blick nicht von ihm. Er sah gut aus, wenn auch vielleicht ein wenig dünner.

Unsere Plätze waren ziemlich vorne. Als zur Pause die Lichter angingen, schaute Larry in das Publikum hinein und sah mich. Unsere Blicke trafen sich ein, zwei Sekunden, dann fiel der Vorhang. Ich konnte es kaum erwarten, daß die Pause zu Ende war und ich Larry wieder sehen konnte. Sicher würden wir nach dem Konzert zu ihm gehen und ihm gratulieren können? Aber als der Vorhang sich wieder hob, war Larrys Platz leer. Offenbar hatte er Hals über Kopf seine Sachen gepackt und war aus dem Music Center gerannt, um mich nicht treffen zu müssen!

Meine Depressionen wurden schwärzer als je zuvor. Fast acht Monate lang sah und hörte ich nichts mehr von Larry. Ich kam an den Rand des Selbstmordes (siehe Kapitel 3). Und dann, genau einen Tag, nachdem ich Larry »ans Kreuz genagelt« und gesagt hatte: »Mach Du es, Herr«, rief er an und kam nach Hause. Ich war überglücklich – aber ein bohrendes Gefühl sagte mir, daß es noch zu früh war, sich wirklich zu freuen. Das Gefühl stimmte.

»ICH KENNE EUCH NICHT MEHR«

Die nächsten drei Jahre studierte Larry an der University of California in Los Angeles. Er wohnte in einem Apartment in der Nähe der Universität, besuchte uns aber oft. Über seine Homosexualität sprachen wir nie, nur über harmlosere Themen.

Dann, 1979, als mein erstes Buch (*Where Does a Mother Go to Resign?*) herauskam, wurde Larry zunehmend verschlossen.

Eines Tages eröffnete er mir, daß er einen »Liebhaber« hatte. Ich war nicht außer mir wie an dem Tag, wo ich seine Homosexualität entdeckte, aber ich machte ihm klar, daß ich Homosexualität nicht für Gottes Plan hielt – schon gar nicht für meinen Sohn; ich würde ihn jedoch weiter lieben und für ihn beten und unsere Tür würde ihm immer offenstehen. Worauf Larry mir wutentbrannt verkündete, daß er seinen Namen ändern würde, weil er nichts mehr mit uns zu tun haben wolle. Und ein paar Tage später erhielten wir tatsächlich ein amtliches Schreiben, das uns informierte, daß Larry Johnson nicht mehr Larry Johnson hieß.

Das war Anfang 1980. Sechs Jahre lang sollten wir nichts mehr von Larry hören. Wenn andere Eltern mich fragten, wie es meiner Familie inzwischen ging, war meine Standardantwort: »Meine beiden toten Söhne sind nicht wieder auferstanden, und ich habe einen dritten Sohn, der einen anderen Namen angenommen hat, uns nie mehr sehen will und ganz in die Schwulenszene abgetaucht ist. Aber was wollen Sie mit dieser Geschichte? Ich bin doch hier, um Sie zu ermuntern, nie die Hoffnung aufzugeben, weil Gott nämlich das Endergebnis erst bekanntgibt, wenn das Spiel zu Ende ist – und bei meinem dritten Sohn ist es noch nicht zu Ende!«

Ich betone immer, daß man für das, was man nicht ändern kann, keine Verantwortung hat. Ich konnte Larry nicht ändern, ich konnte ihn nicht reparieren. Ich wußte ja noch nicht einmal, wo er war! Aber ich hatte einen Trost: Ich wußte, daß dieser Zustand nicht für immer andauern würde. Früher oder später wäre dieses dunkle Kapitel vorbei und mein Leben würde weitergehen. Im Augenblick hoffte ich gegen den Wind, aber ich wußte: So würde es nicht bleiben. Wie es in der Bibel heißt: »Hoffnung, die sich verzögert, ängstet das Herz; wenn aber kommt, was man begehrt, das ist ein Baum des Lebens« (Sprüche 13,12).

In dieser Phase, wo alle Hoffnung vergeblich schien, wußte ich doch die ganze Zeit: Gott geht dem verlorenen Sohn nach, er gibt ihn nicht auf, er kann die Tür jederzeit öffnen. Ich klammerte mich an die Verheißung aus den Sprüchen Salomos: »Die Söhne der Gerechten werden gerettet« (Sprüche 11,21, Einheitsübersetzung).

»ICH MÖCHTE DIR EIN MUTTERTAGSGESCHENK BRINGEN«

Bis kurz vor dem Muttertag 1986 ging das so weiter. Elf Jahre war es jetzt her, daß ich Larrys Homosexualität entdeckt hatte.

Und dann rief er mich an. Er wolle mich besuchen, sagte er, um mir »ein Muttertagsgeschenk zu bringen«. Ich war verwirrt und schockiert. Muttertagsgeschenk? Wollte er uns vielleicht seinen »Liebhaber« vorstellen, um uns zu eröffnen, daß er ihn »heiraten« würde? Oder hatte er AIDS?

Die nackte Angst packte mich. Was konnte es schon Gutes sein, das Larry mir nach dieser Ewigkeit der Entfremdung schenken wollte? Bill, der merkte, daß ich mit Larry sprach, spürte mein Zögern und sagte: »Sag ihm, er soll kommen.« Was er auch tat; in einer Stunde war er da. Er hatte kein Geschenkpaket dabei. Aber er brauchte auch keines, sein Geschenk war viel besser.

Larry kam zur Tür herein, setzte sich und bat uns, große Tränen in den Augen, um Vergebung für den Kummer, den er uns elf Jahre lang gemacht hatte. Er hatte ein Bill Gothard-Seminar besucht und war so von Gott gepackt worden, daß er nach Hause gegangen war und den ganzen Schund seines schwulen Lebensstils verbrannt hatte. Gott hatte ihn rein gemacht und mit sich versöhnt — und jetzt wollte Larry sich auch mit uns versöhnen!

»Versöhnen« — das heißt wiedergutmachen, wiederherstellen. In diesem Augenblick, wo wir Larry in die Arme nahmen und Gott für sein Wunder dankten, wurde die Wunde, die uns so lange zerrissen hatte, wieder heil. Wir hatten unseren Sohn wieder.

WIEDERAUFBAU BRAUCHT KRAFT

Nachdem Larry zu uns zurückgekehrt war, fingen wir an, unsere Beziehung völlig neu aufzubauen. Wir sind immer noch beim Bauen. Und beim Lernen.

Ich bekomme viel Post von Eltern, die eben das versuchen. Haben wir erst einmal den Anfangsschock überwunden, wenn Kinder Abwege eingeschlagen haben, dann kommt sie, die große Frage: Was mache ich jetzt mit meinem Sohn/meiner Tochter? Wir wollen das, was er/sie tut, nicht einfach schlucken — aber auch nicht hart verurteilen. Gott hat uns als Zeugen berufen, nicht als Richter!

Briefe wie die folgenden sind typisch:

> Unsere Tochter, die in einem christlichen College studiert, glaubt an Gott und ist sehr mitmenschlich, aber sie redet sich ein, daß die Bibel ihren Lebensstil nicht verurteilt. Wir haben ihr klargemacht, daß wir sie nach wie vor lieben und immer für sie dasein werden, aber an diesem Punkt nicht mit ihr übereinstimmen können. Sie scheint immer tiefer in die Sache hineinzurutschen, und wir wissen nicht, wie wir damit umgehen sollen.

* * * * * *

> Am diesjährigen Muttertag eröffnete uns unser 25jähriger Sohn, der es immer wieder einmal mit Alkohol und Drogen gehabt hat, daß er glaubt, schwul zu sein. ... Uns brach das Herz, und unsere erste Reaktion war: »Wenn du diesen Weg einschlägst, gehörst du nicht mehr zu uns.« Wir haben seitdem viel mit ihm geredet und gebetet und gebettelt – nun ja, Sie kennen das sicher.

Wenn ich solche Briefe beantworte, versuche ich, einige der Grundregeln weiterzugeben, die ich selber in den elf Jahren, die Larry uns entfremdet war, wie auch danach gelernt habe. Im Rest dieses Kapitels will ich diese Regeln darstellen.

1. HALTEN SIE DEN MUND

Wenn der Schock, der Zorn, die Wut Sie packen wollen, dann – halten Sie den Mund, mindestens ein halbes Jahr lang. Egal, wie viele Bibelverse, Predigten, Schimpfworte oder Schlimmeres Ihnen auf der Zunge liegen – behalten Sie sie für sich. Alle Ihre Zorn- und Moralausbrüche werden Ihnen nicht helfen. Glauben Sie mir; ich habe es selber durchgemacht. Als Larry zu uns zurückgekehrt war, sagte er mir unter anderem, wie sehr meine anfängliche Explosion ihn verletzt hatte. »Du hast damals ein paar echt schlimme Sachen vom Stapel gelassen«, sagte er. »Die waren wie Messerstiche.«

Der Titel dieses Kapitels ist hier eine gute Hilfe. Seien wir wirklich vorsichtig mit unseren Worten, damit wir sie nicht eines Tages selber schlucken müssen. Ich muß da an ein kleines Gebet denken, das eine Freundin mir einmal schickte:

Lieber Vater im Himmel,
hilf mir, meine Zunge zu zügeln,
damit ich nicht am Jüngsten Tag
des Mordes und Totschlags für schuldig befunden werde.

2. LIEBEN SIE UNSENTIMENTAL

Wenn ein Kind sich für einen selbstzerstörerischen Lebensstil entscheidet, braucht es mehr Liebe denn je – aber *feste* Liebe, nicht süßliche Sentimentalität! Ich meine damit nicht, daß wir gemein oder herzlos werden sollen. »Feste« Liebe ist wohl das Schwierigste, was es für einen Vater oder eine Mutter gibt, denn sie bedeutet, daß ich lernen muß, mich nicht von dem Menschen, den ich liebe, manipulieren zu lassen. Es kann sein, daß er alle Hebel in Bewegung setzt – Lügen, Stehlen, Schmeicheln, Drohen –, um mich nach seiner Pfeife tanzen zu lassen. Wehren Sie sich dagegen, indem Sie die folgenden Punkte beherzigen:

● Fühlen Sie sich nicht verantwortlich für die Sucht Ihres Kindes; Sie werden sonst nur zornig, deprimiert, schuldbeladen, ja körperlich krank.

● Versuchen Sie nicht, Ihr Kind zu »retten«. Lassen Sie es die schmerzlichen Konsequenzen seines Verhaltens ruhig ausbaden. Wir können und sollen den Schweinestall des verlorenen Sohnes nicht vergolden!

● Seien Sie sich darüber im klaren, daß dies eine harte Zeit für Sie sein wird, besonders wenn Sie täglich miterleben müssen, wie Ihr Kind sich ruiniert. Versuchen Sie, so liebevoll wie möglich zu sich selber zu sein und Dinge zu tun, die Ihr Leben schöner machen.

● Suchen Sie sich Menschen, die Sie »auffangen« und Ihnen helfen, eine gesunde Distanz zu bewahren. Hüten Sie sich vor zuviel Mitleid. Und wenn Sie es hundertmal wollen – Sie können diesen Menschen nicht ändern.

● Ihr Sohn/Ihre Tochter ist sehr abhängig – nicht nur in seinem/ihrem Problemgebiet, sondern auch von Ihnen. Er/sie braucht Sie mehr, als Sie ihn/sie brauchen. Einsehen wird er/sie das freilich nicht; um so mehr müssen Sie der Wahrheit ins Gesicht schauen. Versuchen Sie, stärker zu werden und sich nicht von Ihrem Kind nach unten ziehen zu lassen.

● Wenn Ihr Kind Ihnen androht, Sie auf Nimmerwiedersehen zu verlassen, so ist dies eine aufsässige Kurzschlußhandlung. In Wirklichkeit braucht Ihr Kind Sie mehr, als es je zugeben wird. Wenn es seine Drohung wahrmacht – Sie werden es überleben! Selbst wenn Sie nicht mehr wissen, wo es ist und wie es ihm geht, Sie haben Ihr Kind in Gottes Hand gegeben. Solange es nichts mehr mit Ihnen zu tun haben will, wird es sich weiter gegen die Wahrheit stemmen – die es im Grunde sehr wohl kennt, egal was es Ihnen sagt oder wie sehr es sich »unschuldig angegriffen« fühlt.

● »Feste« Liebe tut so weh wie eine Operation – und ist genauso nötig. Hören Sie auf, zu denken: *Mein armes Kind muß ja so leiden; ich muß ihm helfen.* Solche »Hilfe« verlängert nur den falschen Weg. »Feste« Liebe bedeutet: Ich lasse den anderen schmoren, bis er Hilfe sucht.

● Man sucht erst dann Hilfe, wenn der Leidensdruck groß genug ist. »Feste« Liebe heißt, daß ich den anderen vollständig loslasse. Ich gönne ihm die Würde, seine Lebensscherben selber aufzufegen und nicht länger ein seelischer Krüppel zu sein. Haben Sie keine Angst: Solche Liebe wird Sie nicht kaltschnäuzig und gefühllos machen. Sie gibt Ihnen vielmehr die nötige Portion Objektivität, wie bei einem Arzt, der eine lebensrettende Operation vornimmt.

● Ihr Kind wird nicht über Nacht heil werden. In Jahren gewachsene Verhaltensweisen können sehr hartnäckig sein. Wenn Ihr Kind versucht, Ihnen Schuldgefühle zu verschaffen, dann deswegen, weil es Angst hat und wütend ist. Lassen Sie sich nicht von schmeichelhaften Worten einwickeln oder von lautstarker Arroganz erschrecken – Sie haben einen Papiertiger vor sich. Sie können und wollen sich nicht von dem Lebensstil Ihres Kindes und seinen Folgen beherrschen lassen. Das Leben ist zu kurz, um es sich zur Hölle machen zu lassen. Lassen Sie es nicht zu, daß die Sünden einer Person die ganze Familie zerstören.

● Der Familienrebell ist egoistisch, unreif und verantwortungslos. Er hält sich für den Nabel der Welt, der Luftballon seines Ichs will ständig aufgeblasen werden. Je schneller Sie sein Problem loslassen und ihm selber übergeben, um so größer ist die Chance, daß er Ihnen respektvoller begegnet.

● Der Familienrebell badet in Selbstmitleid und wird Ihr »Nein« womöglich als schnöden Verrat einstufen. Machen Sie sich nichts daraus. Er muß selber die Verantwortung für sein Leben übernehmen. Ihr mitleidzerfurchtes Gesicht schmeichelt nur seiner Eitelkeit. Mit Rettungsaktionen verlängern sie seine Abhängigkeit von Ihnen und zementieren so eine neurotische Beziehung. Es kann gut sein, daß der Gerettete Ihnen die Rettung später übelnimmt.

● Das innere »Urvertrauen«, das der Rebell braucht – das Gefühl, ein wertvoller, liebenswerter Mensch zu sein –, kann nur tief aus ihm selber kommen. Und es kommt erst, wenn er sich seinem Problem selber stellt.

● Fassen Sie Mut! Sobald Sie aus Selbstachtung und nicht mehr aus Angst heraus handeln, werden Sie sich so gut fühlen wie vielleicht seit Jahren nicht mehr. Wenn Sie die Realität des Problems Ihres Kindes akzeptieren, dann beginnt Ihre Wut sich aufzulösen und Sie können sich aus dem Griff seiner Manipulation lösen und anfangen, sich Ihrem eigenen Leben zu widmen. Ohne daß Sie es extra sagen müssen, wird Ihr Rebell einsehen, daß das Problem seines ist und nicht Ihres. Sie haben Ihren Seelenfrieden gefunden, und er bekommt die Chance, den Weg der Heilung zu beschreiten.[2]

Machen Sie nicht mit bei dem »Wer hat Schuld?«-Spiel! Es kann Ihre ganze Familie zerstören. Da fühlt die Mutter sich schuldig, und der Vater beschuldigt die Mutter und manchmal auch sich selber, und bald erstickt die Familie in Schuldzuweisungen.

Als Larry mit uns brach und einen anderen Namen annahm, war das wie ein Dolchstoß in mein Herz. Aber irgendwie wußte ich, daß Gott uns durchbringen würde. Meine Mutterliebe zu Larry blieb, egal wie tief er den Dolch einstieß.

Mir war es eine Hilfe, daß es Menschen gab, die mich brauchten. Wir hatten gerade unsere Familienseelsorgearbeit gegründet, und unser Motto war Jesaja 61,1: »...die zerbrochenen

Herzen verbinden«. Ich konnte nicht zulassen, daß ein Sohn mein Leben, meine Familie und meinen Glauben zerstörte. Eine Schlacht war verloren, aber der Krieg noch lange nicht. Ich konnte wählen: Ich konnte mich in meine Bitterkeit zurückziehen oder mich Gott öffnen, in dem Wissen, daß ich durch diese Krise innerlich wachsen würde. Ich baute darauf, daß keine einzige von Gottes Verheißungen hinfällig geworden war (1. Könige 8,56). Ich hatte doch Gottes Zusage, daß er mich liebte. Wie der Psalmist sagte: »Den Abend lang währt das Weinen; aber des Morgens ist Freude« (Psalm 30,6).

Als ich mein Vertrauen auf Gott setzte, merkte ich: Mein Glück hing ja gar nicht daran, was mit meinem Sohn geschah. Gott zeigte mir: Du kannst dein Leben schön machen, indem du anderen hilfst; der Sturm dauert nicht ewig, die Sonne wird wieder kommen. Das folgende Gedicht wurde mir sehr wichtig:

> Nach einer Weile lernst du,
> daß Liebe nicht anklammern heißt,
> Küsse keine Verträge sind, Geschenke keine Versprechen ...
> Du beginnst, Niederlagen zu akzeptieren
> mit erhobenem Haupt und offenen Augen,
> mit weiblicher Anmut, nicht kindischem Kummer.
> Du bestellst deinen eigenen Garten,
> schmückst deine eigene Seele,
> wartest nicht mehr, bis jemand dir Blumen bringt.
> Und du lernst, daß du aushalten kannst ...
> daß du stark bist — wirklich,
> daß du Wert hast — ehrlich,
> und daß mit jedem neuen Morgen
> die Morgenröte kommt.
>
> Verfasser unbekannt

Als wir gegen den Wind hofften, baten wir Gott, sein Werk zu tun — nach seinem Fahrplan, nicht nach unserem — und Larry dahin zu bringen, aus seinem Lebensstil heraus zu wollen. Wir wußten: Larry mußte das selber wollen, wir konnten ihn nicht ändern.

Seit Larry umgekehrt ist von seinem Irrweg, benutzt Gott ihn auf ganz besondere Weise. Er arbeitet am Gericht und studiert in seiner Freizeit Jura. Er kann viel mit anderen jungen Männern sprechen, die mit ihrer homosexuellen Orientierung kämpfen, und ist eine große Hilfe in unserer Spatula-Arbeit, wo er bei der Vorbereitung der Vorträge und der Rundbriefe hilft.

Larry ist unser Computer-Experte. Ein Anruf bei ihm, und seine elektronische Konkordanz spuckt die Bibelverse aus, die ich brauche. Wir träumen davon, eines Tages gemeinsam ein Buch zu schreiben, in welchem wir anderen Eltern den Prozeß der Versöhnung durch Vergebung und Verstehen nahebringen, den wir beide durch die Jahre der Entfremdung gelernt haben.

Und nun mein dritter Rat:

3. Lieben Sie Ihr Kind bedingungslos

Kurze Zeit, nachdem Larry mit dem schwulen Lebensstil gebrochen hatte, besprach ich zusammen mit ihm ein Tonband, das wir an die ganze Spatula-Familie verschickten. Einige Auszüge aus dieser Kassette sind bereits in meinem Buch *Freude ist die beste Medizin* erschienen.[3] Im folgenden möchte ich noch ein paar Sätze daraus weitergeben, die Eltern, die ihre Beziehung zu einem Rebellen verbessern wollen, helfen können:

BARBARA: Was würdest du jungen Leuten sagen, die ganz in die Homosexualität abgesprungen sind und nichts mehr mit ihren Eltern zu tun haben wollen? Wie können sie einem rebellischen Kind bedingungslose Liebe zeigen?

LARRY: Die Leute müssen unbedingt begreifen, wie wichtig es ist, daß sie in ihrem Leben einen Kurs der Liebe fahren. Wer das tut, der ist ein gerechter Mensch, der tut, was Gott will. Wie ich schon sagte, das Leben ist ein Beziehungsnetz. Wenn ich meinen Mitmenschen in Liebe begegne, müssen sie ja darauf antworten. Und wenn ich gehässig bin, reagieren sie auch.

BARBARA: Wir nennen das »Stachelschweinliebe« — man liebt seine Kinder und sie schießen zum Dank ihre Stacheln ab. Man muß sie eben bedingungslos lieben. Es ist unsere Aufgabe, sie zu lieben, und Gottes Aufgabe, in ihrem Leben zu wirken. Ich glaube, wenn Eltern ihre Kinder allen Widerworten und Lieblosigkeiten zum Trotz weiter lieben, dann steht Gott dazu.

LARRY: Gott sagt, daß wir für vier Dinge verantwortlich sind: unsere Worte, Gedanken, Taten und Einstellungen. Bei meiner Lektüre der Weisheiten der Bibel habe ich erkannt, daß die Worte, die aus meinem Mund kommen, nur ein Spiegel meiner inneren Einstellung sind. Wenn ich also eine liebevolle Einstellung habe, wird sich das in meinen Worten zeigen.

BARBARA: Bedingungslose Liebe ist schwer, wenn das Kind gar nicht mehr mit einem verkehrt. Die Jahre, wo wir überhaupt nichts von dir hörten, waren echt hart. Ich will dem anderen meine Liebe zeigen, aber er reagiert überhaupt nicht! Wie war das in den Jahren, wo Funkstille zwischen uns war?

LARRY: Ich glaube, in so einem Fall müssen die Eltern die Sache ganz in Gottes Hand geben. Die Bibel sagt: »Des Königs Herz ist in der Hand des Herrn wie Wasserbäche; er lenkt es, wohin er will« (Sprüche 21,1). Das heißt doch: Gott lenkt die Herzen so, wie er es haben will. In solchen Situationen muß man einfach ganz Gott vertrauen; wenn der rechte Zeitpunkt da ist, wird er das Herz des anderen anrühren.

Was Larry hier sagte, heißt doch: Bedingungslos lieben kann ich nicht aus eigener Kraft. Ich muß darauf vertrauen, daß Gott das Herz meines rebellischen Kindes (und mein eigenes) in die richtige Richtung lenkt. Bedingungslose Liebe ist ein Ideal, das menschliche Kraft übersteigt. Wir müssen Gott bitten, uns die nötige Geduld und Gelassenheit zu geben, besonders wenn die Stacheln in ganzen Salven kommen. Und wir müssen lernen, zu *vergeben*. Vergebung ist vielleicht der wichtigste Baustein einer Beziehung der Liebe, und Larry und ich haben uns auch darüber unterhalten.

4. Vergebung — der grosse Schlüssel

Unser Gespräch ging weiter, und ich fragte Larry, wie er sich in den Jahren seines Schweigens gefühlt hatte.

BARBARA: Hattest du immer den Eindruck, daß wir dich liebten?

LARRY: Ich spürte viel Mißbilligung, aber auch viel Liebe — Gutes und Böses gemischt sozusagen. Aber damals hatten wir beide Angst. Wir wußten nicht so recht, wie wir uns verhalten sollten. Es war eine sehr schwierige Phase für uns alle. Gott sei Dank haben wir das jetzt hinter uns gelassen und dürfen wieder eine gesunde Eltern-Kind-Beziehung haben.

BARBARA: So viele Eltern erziehen ihre Kinder nach bestem Wissen und Gewissen, und dann gehen die Kinder ihre eigenen Wege, und die Eltern fühlen sich schuldig und als Versager. Es ist schwierig, Eltern klarzumachen, daß sie nicht für die Lebensentscheidungen ihrer Kinder verantwortlich sind.

LARRY: Ich glaube, wenn Eltern Probleme mit ihren Kindern haben, dann ist es Zeit zu einer kritischen Selbstprüfung. Gott benutzt diese Probleme, um uns auf bestimmte Prinzipien hinzuweisen, die vernachlässigt worden sind. Wo Eltern diese Prinzipien mißachten, leidet die ganze Familie.

BARBARA: Ich glaube, eines, was wir Eltern lernen müssen, ist, einen Schlußstrich unter die Vergangenheit zu ziehen. Wir haben ja alle unsere Fehler gemacht. Wir müssen sagen: Die Vergangenheit ist vorbei. Gestern ist ein durchgestrichener Scheck, morgen ist ein Schuldschein, aber das Heute ist Bargeld. Heute habe ich − noch − keine Fehler gemacht. Wir können jeden Tag neu anfangen, jeden Tag neu Gott dienen, in dem Wissen, daß gestern vorbei ist. Du brauchst kein Sklave der bösen Dinge in der Vergangenheit zu sein − und ich auch nicht.

LARRY: Ja. Weil wir uns gegenseitig vergeben haben. Vergebung − nicht nur, daß ich dem anderen vergebe, sondern auch, daß ich mir vergeben lasse − ist eine mächtige Waffe. Wenn jemand zu dir kommt und sagt: »Ich habe dir unrecht getan. Kannst du mir bitte vergeben?« − das ist ein mächtiger Hebel, der uns von einem riesigen Schuldberg befreien kann. Was die Leute davon abhält, sich vergeben zu lassen, ist ganz einfach ihr Stolz − ihre Unfähigkeit, zu sagen: »Ich habe einen Fehler gemacht, ich war im Unrecht«. Viele Eltern wollen das nicht. Und wenn die Kinder das sehen, wie sollen sie da auf die Idee kommen, ihre eigenen Fehler zuzugeben?

BARBARA: Oft müßten Eltern eigentlich ihre Kinder um Vergebung dafür bitten, daß sie sie zu wenig geliebt haben, aber viele Eltern sagen: »Warum das? Was hab ich denn getan? Mein Sohn ist halt schwul geworden.« Aber genau diese Haltung ist falsch. Wo Eltern ihren Kindern nicht genug Verständnis und Liebe entgegengebracht haben, sollten sie sie um Vergebung bitten. Das ist der Anfang inneren Wachstums. Nicht nur die Kinder, auch die Eltern müssen wachsen und sich ändern.

LARRY: Und noch etwas ist wichtig: Wenn jemand so heftig oder wütend reagiert, ist es Zeit, daß der andere – der Vater oder die Mutter – sich selbst prüft, um zu sehen, wie es zu dieser Reaktion gekommen ist. Liegt es vielleicht daran, daß die Eltern zu stolz oder hochfahrend waren? Sie sollten sich als Freunde ihrer erwachsenen Kinder betrachten und nicht als die großen Bosse, und wo sie ihnen wehgetan haben, sollten sie sie um Vergebung bitten. Aber viele Eltern wollen das nicht.

BARBARA: Perfekte Eltern gibt es natürlich nicht. Gott hatte schon mit Adam seine Probleme. Wir versuchen vielleicht, perfekt zu sein, aber wir schaffen es nicht.

LARRY: Ja, wir schaffen es nicht. Aber dafür ist ja Jesus Christus gekommen, und dafür hat Gott uns die Bibel und seine Gebote gegeben. Wir müssen einsehen, daß es möglich ist, unser Versagen zuzugeben und einen neuen Anfang zu machen.

Eines der Schlüsselworte, die Larry in unserem Gespräch benutzte, war das Wort *Freund*. Eltern erwachsener Kinder machen einen großen Schritt hin zu einer besseren Beziehung mit ihnen, wenn sie einsehen, daß sie mehr Freunde und weniger »oberste Autorität« werden müssen. Die folgenden Worte von William Arthur Ward können uns zeigen, was das heißt:

EIN FREUND IST ...

– jemand, der da ist, wenn du keinen Pfennig in der Tasche hast.
– jemand, der deinen Kummer erträglicher macht.
– jemand, der auf den Berggipfeln singend neben dir geht und dich still und treu durch das dunkle Tal begleitet.
– jemand, bei dem du dich wohlfühlst, dem du treu bist, durch den du gesegnet wirst und für den du dankbar bist.
– jemand, der dich durch seine Gegenwart wärmt, dir seine Geheimnisse anvertraut und dich in seine Gebete einschließt.

- jemand, der dich ermutigt, wenn es dir scheinen will, daß du deine edelsten Ziele, deinen ganz persönlichen Berggipfel, deine heimliche Hoffnung nie erreichen kannst.
- jemand, der dir eine Brücke bauen hilft zwischen Einsamkeit und Gemeinschaft, Enttäuschung und Zuversicht, Verzweiflung und Hoffnung, Rückschlägen und Erfolg.
- jemand, der für dich da ist, der dich versteht, der Geduld mit dir hat. Er ist genauso ein Gottesgeschenk wie eine Begabung, ja wie das Leben selbst.
- Ein Freund ist auch jemand, der zuhören kann.

5. Mund zu, Ohren auf!

Der letzte Satz der kleinen Abhandlung über den Freund erwähnt das Zuhören — eines der stärksten Werkzeuge zum Bau guter Beziehungen zu Freunden und Verwandten. Man redet heute viel über »Kommunikation«, und es stimmt sicher, daß wir lernen müssen, besser miteinander zu kommunizieren. Aber allzuleicht wird »Kommunikation«, wie so viele andere Dinge, zu einem inhaltsleeren Schlagwort. *Zuhören* dagegen ist etwas ganz Konkretes, das jeder von uns kann, wenn er es nur versucht. Die meisten Menschen meinen, Kommunikation bedeute pausenloses Reden, aber ich glaube, wirkliche Kommunikation beginnt dort, wo man anfängt, dem anderen zuzuhören. Seid schnell zum Hören und langsam zum Reden — so ermahnt uns die Bibel nicht umsonst (Jakobus 1, 19). Eine gute Definition des Zuhörens ist diese:

AUFMERKSAM SEIN MIT DEM ZIEL,
DEN ANDEREN ZU VERSTEHEN.[4]

In einem hervorragenden Buch über menschliche Kommunikation hat Ken Durham geschrieben:

Christliches Zuhören ist eine Handlung, mit der man dem anderen signalisiert: »Ich bin jetzt für dich da, für dich ganz persönlich. Ich will hören und verstehen, was du zu sagen hast. Ich bin ganz Ohr.« Der Zuhörer erlaubt es dem anderen, das Thema des Gesprächs zu bestimmen und seinen Standpunkt klarzulegen. Letztlich verhilft der Zuhörer dem anderen dazu, sich selbst besser zu verstehen.[5]

Das folgende Gedicht faßt das gut zusammen:

ZUHÖREN

Wenn ich dich bitte, mir zuzuhören,
und du gibst mir kluge Ratschläge,
dann hast du meine Bitte nicht erfüllt.
Wenn ich dich bitte, mir zuzuhören,
und du erklärst mir, warum meine Gefühle falsch sind,
trampelst du auf ihnen herum.
Wenn ich dich bitte, mir zuzuhören,
und du findest, du mußt etwas tun, um mir zu helfen,
dann läßt du, so komisch das klingt, mich im Stich.
Bitte hör mich an!
Und wenn du dann selber reden willst,
warte einen Augenblick,
und ich höre dir zu.

(Verfasser unbekannt)

Wenn Sie mit Ihrem Sohn oder Ihrer Tochter »nicht darüber reden können«, dann ist es vielleicht das beste, daß sie ihn/ sie einfach sagen lassen, wie ihm/ ihr zumute ist. Bezähmen Sie Ihr Verlangen, Bibelverse zu zitieren, Ratschläge zu geben oder Vorträge zu halten. Zwei meiner Lieblingsmottos sind:

ES BEDEUTET MIR NICHTS, WAS DU ALLES WEISST,
WENN ICH NICHT WEISS, DASS ICH DIR ETWAS BEDEUTE.

* * * * * *

REDEN HEISST: ICH ÖFFNE MICH.
ZUHÖREN HEISST: DU BIST MIR WERT.

Ein bleibendes Geschenk an jedes Kind, auch das schon erwachsene, ist ein zuhörendes Ohr — und Herz. Erst zuhören, dann reden! Dann werden Ihre Worte nicht verletzen und zurückstoßen, sondern trösten und erfrischen (Sprüche 16, 24) und Ihre Beziehung heilen.

Eiserne Ration

Es gibt Leute, die mäkeln,
als ob sie es bezahlt kriegten.

* * * * * *

Wussten Sie schon,
dass man die Ohren nicht zumachen kann,
dafür aber den Mund?

* * * * * *

Was verpassen wir nicht alles,
weil wir wieder mal senden,
anstatt zu empfangen.

* * * * * *

Leide nicht umsonst!

Lieber Herr ...
Bitte hilf mir, niemals
meinen Schmerz zu vergeuden. Denn ...
versagen, ohne zu lernen,
fallen, ohne wieder aufzustehen,
sündigen, ohne zu überwinden,
bitter sein, ohne zu vergeben,
unzufrieden sein, ohne sich zu bescheiden,
am Boden liegen, ohne barmherziger zu werden,
leiden, ohne mitfühlend zu werden,
macht das Leiden zu einer sinnlosen Übung,
einem tragischen Verlust,
und den Schmerz
zur größten Vergeudung.

Dick Innes

* * * * * *

DIE EINZIGE BEDINGUNG ZUM LIEBEN IST, DASS MAN BEDINGUNGSLOS LIEBT.

* * * * * *

Wer seine Zunge hütet, bewahrt sein Leben; wer aber mit seinem Maul herausfährt, über den kommt Verderben (Sprüche 13, 3).

KAPITEL 10

MORGEN IST SONNTAG!

Auf Grund der Knappheit an ausgebildeten Trompetern
muß das Ende der Welt um drei Monate verschoben werden.

Ich werde oft gefragt: »Barbara, wo hast du deine Freude her?«
Ich muß dann immer an 1. Korinther 13 denken, das große
»Kapitel der Liebe«, wo es zum Schluß heißt: »Nun aber blei-
ben Glaube, Hoffnung, Liebe, diese drei; aber die Liebe ist die
größte unter ihnen.«
Angesichts der vielen, vielen Schlammlöcher in unserem
Leben brauchen wir eine Quelle, die uns Freude gibt — eine
Quelle lebendigen Wassers, wie wir sie nur in Jesus haben.

FREUDE BEGINNT MIT GLAUBEN

Einer der größten Glaubenssätze stammt von dem amerikanischen Prediger Tony Campolo: »Es ist Freitag, aber bald
kommt Sonntag!«
An jenem ersten Karfreitag waren die Anhänger Jesu in der
tiefsten Patsche. Jesus war tot — gekreuzigt. Maria verging fast
vor Trauer. Die Jünger waren zerstreut wie aufgeschreckte
Schafe. Pilatus war im guten Glauben, seine Hände in Un-
schuld gewaschen zu haben. Die Zyniker sagten: »Da seht ihr,
was dieser große Messias gebracht hat — nichts!« Und der Teufel hüpfte im Kreis und krähte: »Ich hab gewonnen! Ich hab
gewonnen!«
Ja, es war Karfreitag. Und der Vorhang im Tempel zerriß wie
eine überreife Wassermelone, die Erde bebte, die Gräber öff-
neten sich, und der römische Zenturio, der die Hinrichtung
dieses jüdischen Unruhestifters zu besorgen hatte, stammelte:
»Wahrhaftig, dieser ist Gottes Sohn gewesen!« Gewesen, ja...
Und dann kam der Sonntag. Maria Magdalena und die anderen Frauen kamen zu dem versiegelten Grab Jesu, und siehe

da, der Verschlußstein war zur Seite geschoben und ein glei-
ßend weißer Engel sagte: »Er ist nicht hier, er ist auferstanden!«

Am Freitag war alles dunkel gewesen, Verzweiflung, aus und
vorbei. Aber jetzt – jetzt war Sonntag, und die Welt hatte mehr
Grund zur Freude als je zuvor oder danach.

Christen sind *Auferstehungsmenschen*. Ein unbekannter
Autor hat gesagt:

> Auferstehung – das bedeutet, daß nichts, aber auch gar nichts
> mich von der Liebe Gottes trennen kann. Nicht meine Sünde,
> nicht meine Dummheit, nicht das Böse und Egoistische in der
> Welt, auch nicht das Sinnlose oder das Säkulare.

Das Fundament der Freude des Christen ist: Ich kann so leben,
als ob Christus gestern starb, heute auferstand und morgen
wiederkommt. Und diese Freude können wir ab sofort bekommen, gratis und ohne Kleingedrucktes, weil wir allein aus
Gnade gerettet sind. Das ist es, was Paulus meinte, als er sagte,
daß wir aus Gnade durch den Glauben erlöst sind (Epheser 2,
8-9). Was ich selber dazu tun kann, spielt keine Rolle. Ich
drücke es gerne so aus:

> GERECHTIGKEIT IST, WENN WIR KRIEGEN,
>   WAS WIR VERDIENT HABEN.
> BARMHERZIGKEIT IST, WENN WIR NICHT KRIEGEN,
>   WAS WIR VERDIENT HABEN.
> GNADE IST, WENN WIR KRIEGEN,
>   WAS WIR NICHT VERDIENT HABEN.

Gnade ist Gottes unverdiente Güte und Zuwendung, die er
über uns ausschüttet. Diese Gnade ist *gratis*, für jeden, der sie
will. Der erste Schritt ist, daß wir Jesus Christus vertrauen. Er
ist unsere erste Erfahrung der Freude Gottes. Und in dem
Maße, wie wir lernen, immer mehr auf ihn allein zu bauen,
machen wir weitere Freudenerfahrungen.

Aber was, wenn wir wieder in die Jauchegrube der Verzweiflung zurückrutschen? Hat Gott uns dann verlassen? Was, wenn
die quälenden Fragen kommen: *Warum? Wie? Wo bist du, Gott?*
Wie Ruth Harms Calkins schreibt:

Herr, ich stelle mehr Fragen
als Du.
So im Verhältnis zehn zu eins.

Ich frage:
Warum läßt Du das zu?
Wie lange kann ich das noch ertragen?
Was hat das alles für einen Sinn?
Hast Du Deine Gnade vergessen?
Habe ich Dich müde gemacht?
Habe ich Dich beleidigt?
Hast Du mich verstoßen?
Habe ich einen Wink von Dir übersehen?
Wo bin ich fehlgegangen?
Siehst Du nicht, daß ich am Ende bin?

Und Du fragst:
Vertraust du mir?[1]

Diese Worte erinnern mich daran, daß es in der Bibel 354 »Fürchte dich nicht«-Sätze gibt — fast für jeden Tag des Jahres einen. Wenn wir unseren Glauben füttern, werden unsere Zweifel verhungern. Das schwächste Glaubensklopfen öffnet die Tür des Himmels, weil der Glaube durch die Dunkelheit der Erde hindurch in die Herrlichkeit des Himmels schaut.

Kurz vor seinem Tod erzählte mein lieber Freund Dr. Walter Martin einmal, wie er und zwei Agnostiker in der »Phil Donahue Show« zu Gast waren. Die Themen des Tages waren unter anderem Tod, Himmel und Sündenstrafen. Als die Sendung fast zu Ende war, trat Phil Donahue auf seine bekannte Art zu Walter Martin und sagte: »Nun, Doc, meinen Sie nicht auch, daß, wenn ich einmal oben ankomme, Gott seine Arme um mich legen und sagen wird: ›Hereinspaziert, Phil‹?«

Dr. Martin lächelte über das ganze Gesicht und sagte: »Phil, das hat er längst getan. Vor zweitausend Jahren hat er schon gesagt: ›Hereinspaziert‹.«

Wenn ich an diese Begebenheit denke und neu erkenne, wie Gott uns durch das Opfer seines Sohnes den Weg in den Himmel geöffnet hat, bekomme ich Tränen in die Augen. Ja, wir sind eingeladen!

Walter Martin ist längst bei seinem Herrn, aber seine Antwort an Phil Donahue ist ein Freudenfunke, der weiterglüht und mir jedesmal, wenn ich es brauche, jenes Quantum Extra-ermutigung gibt. Es ist so wahr: Die *Worte des Glaubens*, die wir ausgesprochen haben, leben weiter, auch wenn wir nicht mehr da sind.

Freude kommt von Hoffnung

Eine der witzigsten – und traurigsten – Grabinschriften, die ich kenne, ist die auf dem Grabstein von Mel Blanc, der so vielen berühmten Comic-Figuren wie Porky Pig und Elmer Fudd seine Stimme geliehen hat:

D-D-D-DAS WAR ALLES, LEUTE!

Ich weiß nicht, was Mel Blanc über das Leben nach dem Tod glaubte, aber dieses irdische Leben ist *nicht* alles, Leute! Es kommt noch so viel mehr! Wir haben kein Ende ohne Hoffnung, sondern Hoffnung ohne Ende. Und diese Hoffnung beruht auf einer *Tatsache* – der Tatsache, daß Menschen, die an Jesus Christus glauben, unterwegs sind *nach oben*.

Mag es überall abwärts gehen, für Christen geht es aufwärts. Unter den widrigsten Lebensumständen dürfen wir Oberwasser haben. Christen sind unterwegs zum Himmel – zum ewigen Leben mit Jesus. Ich mag dieses Bild in Psalm 90, 10, wo es heißt: »Unser Leben währet siebzig Jahre, und wenn's hoch kommt, so sind's achtzig Jahre, und was daran köstlich scheint, ist doch nur vergebliche Mühe; denn es fährt schnell dahin, als flögen wir davon.«

»Als flögen wir davon« – können wir das glauben? Ich weiß nicht, ob der Psalmist hier schon die Wiederkunft Jesu im Auge hatte, aber sein Bild ist ganz ähnlich wie das, das Paulus in 1. Thessalonicher 4, 16-17 benutzt:

> Wenn Gottes Befehl ergeht, der oberste Engel ruft und die himmlische Posaune ertönt, wird der Herr selbst vom Himmel kommen. Zuerst werden dann alle, die im Vertrauen auf ihn gestorben sind, aus dem Grab auferstehen. Danach werden wir, die noch am Leben sind, mit ihnen zusammen auf Wolken dem Herrn entgegengeführt, um ihn zu empfangen. Dann werden wir für immer mit ihm zusammensein (Gute Nachricht).

Die Hoffnung der Christen wird ihre große Erfüllung finden an dem Tag, wo Jesus wiederkommt. Ich ermutige meine Zuhörer gerne, öfter mal in den Garten zu gehen und kräftig zu hüpfen, als kleines Training für den großen Tag, wenn Gottes Posaune erschallt und wir zu Jesus in den Himmel entrückt werden. Einmal kam anschließend eine ältere Dame zu mir und fragte: »Sagen Sie mal, machen Sie das auf dem Rasen oder auf einem Trampolin?«

Manchmal werde ich gefragt, *wann* denn Jesus wiederkommen wird. Immer wieder haben Christen versucht, hier ein Datum zu errechnen. Sie haben nur eines vergessen dabei: Die Bibel nennt kein Datum. Wir leben bis auf weiteres in einer Karfreitagswelt, die voll von Schmerz, Schuld und Scham ist. AIDS ist zu einer neuen Geißel geworden, die Tausende Opfer fordert, und ob es je ein Heilmittel geben wird, ist ungewiß. Ich habe eine Plakette, die ich gerne AIDS-Opfern schenke, um sie und ihre Verwandten an die Hoffnung über den Tod hinaus zu erinnern, die alle haben, die an Jesus Christus glauben. Das Bild zeigt Jesus, wie er einen Menschen in die Arme nimmt, und der Text lautet:

WENN ICH IN DEN HIMMEL KOMME

Wenn ich in den Himmel komme,
    welche Freude wird das sein!
Denn an dem Tag werd' ich endlich
    bei dem Heiland sein.

Glücklicher kann ich nicht werden,
    als zu sehen Sein Gesicht,
spüren Seine Liebesarme,
    baden in dem Gnadenlicht.

Mit nichts konnt' ich es verdienen,
    dieses Heim, das Gott mir gibt.
Als Geschenk hab ich's bekommen,
    weil Jesus mich so liebt.

Warum soll ich mich dann sorgen,
    warum sagen: »Es ist aus«?
Alle Not wird sein vergangen,
    wenn ich endlich geh nach Haus.[2]

Wie ich schon im 3. Kapitel sagte: Hoffnung ist zäh. Mehr als einem Menschen hat sie das Leben gerettet. Ich erhielt einmal die folgenden Zeilen, die mir sehr viel bedeuten:

> Ich möchte Ihnen für Ihr Buch danken.... Gott hat durch Ihre Worte zu mir gesprochen. Ich studiere Medizin, und Streß, Angst und Depression sind meine ständigen Begleiter gewesen. ... Ich habe oft an Selbstmord gedacht. Jetzt habe ich Hoffnung ... Danke.

Jemand hat gesagt, daß unser größter Feind nicht die Krankheit ist, sondern die Verzweiflung. Und einer unserer größten Freunde ist die Hoffnung. Und wir können Hoffnung in diesem Leben haben, weil wir auf das Leben nach dem Tod hoffen. Jesus bietet uns seinen Frieden an. Ewigen Frieden.

ABER DIE GRÖSSTE FREUDE IST DIE LIEBE

Einer der fröhlichsten Sätze der ganzen Bibel findet sich in 1. Johannes 4, 8: »GOTT IST DIE LIEBE.« Und ich möchte hinzufügen: »GOTT IST DIE FREUDE.« Gottes Liebe kennen und spüren — das gibt Freude, bleibende Freude, Freude, die überfließt auf die Menschen um uns.

Jesus hat uns versprochen, uns nicht als Waisenkinder zurückzulassen (Johannes 14, 18). Er hat uns für unsere Lebensreise keinen Straßenkreuzer versprochen, der uns auf einer schnurgeraden Autobahn ans Ziel bringt. Die Straße ist rauh und holprig und unser Auto zerbeult und klapprig — wenn wir nicht gar nur ein Fahrrad haben oder einen Rollstuhl. Aber egal wie die Reise auch ist — das Wichtigste ist, daß wir den Atem von Gottes Liebe auf uns spüren, die Gewißheit, daß er wirklich die Liebe ist und daß wir Gemeinschaft mit ihm haben können.

Manchmal hilft es, sich einmal zurückzuziehen, um Gottes Gegenwart in der Schönheit seiner Schöpfung zu spüren — etwa an einem einsamen Strand, in einem Segelboot oder auf einem stillen Spazierweg, über dem der Wind in den Bäumen flüstert.

Aber Gottes Liebe erreicht uns auch an den profansten Orten. Mir passierte es einmal ausgerechnet im Straßenverkehrsamt, als ich ein persönliches Nummernschild für Bill aussuchte. Als ich den riesigen Ordner mit all den Buchstabenkombinationen und Namen durchsah, die schon vergeben waren, mußte ich auf einmal daran denken, wie ja mein eigener Name in einem anderen, viel wichtigeren Buch geschrieben steht – im Buch des Lebens. Gott erinnerte mich: Du bist eine Tochter des Königs, du bist mein Kind! Und ich spürte, wie Gottes Liebe mich wie eine wärmende Decke einhüllte. Ich spürte es so stark, daß mir die Tränen in die Augen traten – an der Kundentheke des Straßenverkehrsamtes!

Wo wir gerade sind, ist egal. Was zählt, ist, daß Gottes Liebe unsere Seele durchtränkt. Meine persönliche Beziehung zu Gott – auf sie kommt alles an, sie öffnet mir den Brunnen des Lebens. Die Erfahrung hat mir gezeigt, daß nur der wirklich weiß, wie erfrischend das Wasser dieses Brunnens ist, der von der Verzweiflung zur Hoffnung durchgebrochen ist. Einer meiner Lieblingssätze ist:

GOTT LIEBT BAUMELNDE CHRISTEN.

Mit anderen Worten: Gott will, daß der Gläubige *total* von ihm abhängig ist. Wenn wir ihn um Hilfe anrufen, dann ist seine Liebe das rettende Seil, das uns aus der Schlammgrube heraus zu seinem klaren Springbrunnen zieht. Und wenn wir zu diesem Brunnen gehen und Gott seine Freude über uns gießen lassen, dann passiert etwas: Ich merke, daß ich nicht der einzige bin, der weiß, wie es in der Schlammgrube aussieht. Nur zu leicht denken wir ja: »Was ich zu leiden habe, kann sich niemand vorstellen.« Aber wenn Gottes Liebe uns in unserem Leiden anrührt, dann merken wir auf einmal, wie selbstsüchtig und wie blind für die Not der anderen wir die ganze Zeit waren.

C.S. Lewis hat einmal Kummer und Trauer mit einem lang sich hinschlängelnden Tal verglichen, in welchem die nächste Biegung uns eine völlig neue, schöne Landschaft zeigen kann. Wenn wir diese neue Landschaft vor uns sehen, dann sehen wir ganz klar, was es heißt, andere Menschen innerlich aufzurichten. Die größte Gabe, die wir zu verschenken haben, ist die Liebe, und wenn wir ihn nur lassen, dann wird Gott uns eine Antenne geben für die Einsamkeit, den Kummer und den Schmerz der Menschen neben uns.

GOTT BRAUCHT STÄNDIG SCHLÄUCHE

Stellen Sie sich einen Gärtner vor, der seinen Garten bewässert. Er erreicht den ganzen Garten mit seinen Schläuchen — bis auf eine kleine, schon halb vertrocknete Pflanze in der hintersten Ecke. Der Gärtner weiß: Hätte er ein kleines Stück Schlauch mehr, er könnte auch diese Pflanze erreichen und zu neuem Leben erwecken.

So ähnlich ist es auch mit dem großen Meistergärtner. Gott hat sich darauf festgelegt, seine Liebe durch uns Christen weiterzugeben. Er braucht viele »Schläuche«, um alle Menschen zu erreichen, die seinen Segen brauchen. Vielleicht ist in Ihrer Nähe gerade ein Mensch, der am Verwelken ist und auf Gottes Liebe wartet. Die Bibel sagt: »Sorge im Herzen bedrückt den Menschen; aber ein freundliches Wort erfreut ihn« (Sprüche 12, 25).

Wir können das Stück Extraschlauch sein, durch das Gott seine Kraft, Freude und Ermutigung fließen läßt. Kein anderer als Christus selber hat uns vorgelebt, was es heißt, ein Tröster und Helfer zu sein. Am Abend vor seinem Tod, in einer der dunkelsten Stunden, die er und seine Jünger in den drei Jahren, die sie zusammengewesen waren, durchlebt hatten, sagte er ihnen: »Seid getrost, ich habe die Welt überwunden« (Johannes 16, 33).

In unserer Spatula-Arbeit besteht unser »Bewässerungsdienst« vor allem im Beantworten von verzweifelten, um Hilfe schreienden Briefen und Anrufen. Wir gehen auch auf Vortragsreisen, und einmal im Monat trifft sich eine Hilfsgruppe für Eltern schwuler Kinder, die zum Modell für Dutzende ähnlicher Gruppen in ganz Amerika geworden ist. Aber manchmal beauftragt Gott uns, einen ganz persönlichen Extraschlauch zu einem Menschen zu legen, der gerade ganz besonders viel Liebe und Hoffnung braucht.

»MEIN SOHN WILL SICH DAS LEBEN NEHMEN«

An einem Samstagmorgen um elf Uhr rief mich eine ganz verzweifelte Mutter an: »Mein Sohn Greg hat mir gerade ein Tonband geschickt, auf dem er sagt, daß er AIDS hat und sich das Leben nehmen will. Er wohnt in La Habra. Können Sie bitte zu ihm gehen? Wir wissen nicht, an wen wir uns sonst wenden sollen.«

Die Mutter erzählte mir, daß sie und ihr Mann früher als geplant von einer Reise zurückgekommen waren und zu Hause in Idaho das Band vorgefunden hatten. Bestimmt hatte der Sohn, der nichts von ihrer frühzeitigen Rückkehr wußte, das Band als Vermächtnis gedacht und war jetzt vielleicht noch am Leben. Konnte ich ihn bitte aufsuchen?

Die Mutter gab mir Gregs Adresse. Seine Wohnung war nur fünf Kilometer von unserer entfernt, und ich fuhr sofort los. Wenn es nur nicht schon zu spät war . . .

Ich hielt vor dem alten, in spanischem Stil gebauten Komplex an, wo dieser junge Mann wohnen sollte. Er war gerade neu gestrichen worden, grell orchideenrosa und türkisblau, und die Hausnummern waren weg; die Maler hatten sie für ihre Arbeit abmontiert.

Nun, ich ging von Tür zu Tür und fragte nach einem jungen Mann namens Greg. Aber niemand hier schien Englisch zu sprechen, und mein Spanisch ist ziemlich eingerostet. Das war wohl nichts. Ich glaubte schon, daß ich vielleicht doch die Adresse verwechselt hatte, als ich auf dem Rückweg zur Vorderseite des Komplexes eine angelehnte Tür sah. Sicher war das die Waschküche? In der Hoffnung, doch noch eine Auskunft zu bekommen, drückte ich die Tür auf und sah hinein. Der winzige Raum war dunkel und muffig und stank wie ein Katzenklo. Das Mobiliar bestand aus einem Bett, einem Tisch und einem Stuhl. Und dann sah ich, daß auf dem Bett jemand saß: ein ausgemergelter junger Mann, der ins Leere stierte.

»Sind Sie Greg?« fragte ich.

Der junge Mann fuhr zusammen und sah mich an. »Ja. Wer sind Sie?«

Ich stellte mich vor und erzählte ihm, daß seine Mutter mich gerade angerufen und gebeten hatte, ihn zu besuchen. »Gott liebt Sie, Greg«, sagte ich. »Egal, was Sie alles gemacht haben, Gott liebt Sie und will Ihnen vergeben. Er läßt Sie nicht hängen. Sie sind vielleicht auf die tollsten Abwege gekommen, aber Jesus ist für Ihre Sünden gestorben und liebt Sie immer noch und wartet darauf, daß Sie zurückkommen. Kann ich bitte mit Ihnen beten? Und reden?«

Ich betete mit Greg, und dann sprachen wir, fast eine Stunde lang. Er konnte es schier nicht glauben, daß er einem Men-

schen wichtig war. Er hatte eine Zeitlang an einem christlichen
College studiert, aber als seine Mitstudenten herausbekamen,
daß er homosexuell war, hatten sie Zettel an seine Tür geklebt
mit Aufschriften wie: »SCHWULE RAUS!«

Er hatte sein Studium schließlich abgebrochen und sich ganz
dem schwulen Lebensstil hingegeben. Aber sein Gewissen
ließ ihm keine Ruhe. Er war schließlich von Long Beach fort-
und nach La Habra gezogen, um einen neuen Anfang zu
machen und wieder ein Leben mit Gott zu beginnen. Aber
kurz danach hatte er seine AIDS-Diagnose bekommen.

Er hatte kein Geld mehr und seit Tagen nichts mehr gegessen. Sein Auto, dessen Raten er nicht mehr bezahlen konnte,
ging demnächst zurück an den Händler. Er hatte vorgehabt,
sich mit einer Überdosis Schlaftabletten umzubringen —
heute, noch am gleichen Tag. Er hielt mir das volle Röhrchen
zum Beweis hin.

Ich öffnete mein Portemonnaie und gab ihm alles Bargeld,
das ich dabeihatte — 35 Dollar. Dann sagte ich: »Greg, ich geh
jetzt für Sie einkaufen. Bitte tun Sie nichts Dummes, während
ich weg bin. Ich komme bald wieder.«

Greg versprach mir, auf mich zu warten, und ich fuhr nach
Hause und erzählte Bill die Geschichte. Bill gab mir Geld, und
ich fuhr in den Supermarkt, wo ich Lebensmittel und ein paar
Vitaminpillen kaufte, und dann gleich weiter zu Gregs Wohnung. Ich war nur eine gute Stunde weg gewesen, aber als ich
wiederkam, war die Tür verschlossen. Ich klopfte. Keine Antwort.

Ich holte die Hausmeisterin und sagte: »Ich muß in die Wohnung dieses jungen Mannes. Ich war erst vor einer Stunde hier.
Ich will nur ein paar Lebensmittel dalassen.«

»Ich weiß nicht, was mit dem ist«, sagte die Hausmeisterin.
»Er wohnt erst seit einer Woche hier und hat in der Zeit nie
seine Wohnung verlassen. Er kriegt auch keinen Besuch, und
vor vielleicht einer Stunde haben sie sein Auto abgeschleppt.«

Die Frau ließ mich in die Wohnung. Gregs Kühlschrank war
leer bis auf eine angebrochene Dose Limonade. Ich legte ihm
einen Zettel auf den Tisch, mit meiner Telefonnummer und
dem Text: »Greg, ich weiß nicht, wo Sie sind, aber bitte rufen
Sie mich an, sobald Sie zurückkommen.«

Als ich wieder nach Hause kam, klingelte das Telefon. Es war
Greg! »Ich kann's nicht glauben, daß Sie das für mich getan

haben«, sagte er. »Ich war rausgegangen, um mir mit den 35 Dollar was zu essen zu holen, weil ich die ganze Woche nichts gegessen hab. Daß Gott sich noch um mich kümmert – das ist nicht zu fassen!«

Am nächsten Tag fuhr ich mit Greg zu einer Kirche im Raum Glendora und führte ihn dort in eine Hilfsgruppe für AIDS-Kranke ein, die ihn sofort unter ihre Fittiche nahm und regelmäßig mit dem Auto zu den Gruppensitzungen und Sonntagsgottesdiensten abholte.

Es zeigte sich, daß Greg eine sehr schöne Stimme hatte, und bald sang er bei allen möglichen Anlässen, nicht zuletzt auf Beerdigungen junger Mitglieder aus seiner Gruppe, die an AIDS gestorben waren.

Greg behielt seine Wohnung in dem rosa-türkisfarbenen Block und ging wieder zur Arbeit, in einem drei Kilometer entfernten Büro. Freunde schenkten ihm ein Fahrrad, so daß er die Strecke nicht laufen mußte. Gregs Weg führte direkt an unserem Haus vorbei, und oft besuchte er uns auf dem Rückweg. Der Hitze-Smog machte das Radfahren nicht gerade angenehm, aber Greg klagte nie, er war dankbar für sein Fahrrad.

Kurz vor Weihnachten wurde Greg in eine fast 50 Kilometer von La Habra entfernte Filiale versetzt. Hier war er viel näher zu seiner neuen Gemeinde, aber andererseits mußte er umziehen und brauchte jetzt dringend ein Auto.

Wir hatten Greg mittlerweile richtig ins Herz geschlossen und fragten uns, wie er das schaffen sollte: umziehen und jeden Tag die weite Strecke zu seiner Arbeitsstelle zurücklegen. Da sagte Bill mir eines Tages, daß ihm gerade eine Erleuchtung gekommen sei. Da so etwas bei Bill selten ist, war ich sofort ganz Ohr.

»Ich werde Greg Wumpfi schenken, damit er seine Stelle behalten kann«, sagte Bill.

»Wumpfi« ist, wie ich weiter oben schon sagte, mein Spitzname für Bill. »Wumpfi« stand aber auch auf dem persönlichen Nummernschild, das ich für Bills riesigen Oldsmobile Baujahr 1974 ergattert hatte; wie sollte man so einen Apparat von Auto anders nennen als »Wumpfi«? Das einzige Problem war, daß hinfort alle Tankwarte Bill mit »Mr. Wumpfi« anredeten, was ihm höchst unangenehm war. Es reichte ihm gerade, daß seine Frau ihn so nannte, aber nach jedem Tanken zu hören: »Schönen Tag, Mr. Wumpfi«, das war fast zu viel.

Aber trotzdem: Bill liebte seinen Wumpfi, und daß er ihn jetzt Greg schenken wollte, war keine kleine Sache. Er übergab Greg den Wagen blitzblank geputzt, mit vollem Tank und einem Kanister Öl im Kofferraum. (Wumpfi verbraucht fast genausoviel Öl wie Benzin.)

Ich staunte nicht schlecht, denn Bill ist sonst eher für seine schwedische Sparsamkeit bekannt. Zu guter Letzt füllten wir den Aschenbecher noch mit Münzen, damit Gregs Beifahrer nicht in Versuchung kamen, zu rauchen, und er selber genügend Kleingeld für Parkuhren, Hamburger und dergleichen hatte. Und als Greg uns das nächste Mal besuchte, drückte Bill ihm die Autopapiere für Wumpfi in die Hand. Er tat es ohne sentimentales Trara, sagte einfach: »Der Wagen ist in Ordnung. Du brauchst nichts reparieren zu lassen, versorg ihn nur gut mit Öl.«

Das war ein Feiertag für uns alle. Gregs Augen wurden groß und leuchtend, daß es Bill und mir warm ums Herz wurde. Gregs Autoproblem war gelöst, auf die einfachste Art, die man sich denken konnte!

Bevor Greg hupend davonfuhr, erwähnte Bill noch, daß er, wenn er die Wumpfi-Schilder nicht wolle, sie ihm bitte zurückgeben solle. Was Greg mit dem größten Vergnügen tat. Jetzt verzieren die Wumpfi-Schilder unser Wohnzimmer.

»GOTT IST WIRKLICH DA«

Seit dem Tag, wo Gregs Mutter mich anrief, sind sie und ihr Mann in Verbindung mit Greg geblieben. Sie halfen ihm bei seinem Umzug und wurden gute Freunde unserer Spatula-Arbeit. Zu der Zeit, wo ich dieses Kapitel abschloß, kam Greg mit seiner Krankheit gut zurecht und hatte auch die Kraft, weiter zu singen.

Nicht lange, nachdem ich Greg kennengelernt hatte, setzte ich mich mit Marilyn Meberg in Verbindung, einer der Dozentinnen in seinem College. Er bezeichnete sie als einen der »Lichtblicke« in seinem damaligen Leben. Sie war ganz Ohr, als ich ihr Gregs Geschichte erzählte, denn sie war gerade dabei, ein Seminar über Christus den Guten Hirten auszuarbeiten. Sie schrieb Greg, und sie und Greg haben mir erlaubt, Auszüge aus ihren Briefen hier abzudrucken:

Greg,
das Herz tut mir weh, wenn ich daran denke, was Du durchmachtest, als Du ganz allein und ohne Hilfe warst und auch noch Angst hattest, daß auch Gott sich von Dir abgewandt hätte. Es ist ja überhaupt nicht Gottes Art, uns zu verstoßen, aber wie oft denken wir, daß er uns genauso sieht, wie die Menschen um uns das tun. Das ist ja ein Ding, daß er genau an dem Tag, wo Du ihn am meisten brauchtest, Barbara zu Dir geschickt hat! Ich habe in der Bibel zwei Verse gefunden, die genau zu dem passen, was Du erfahren hast. Sie stehen in Hesekiel 34, 11-12: »Denn so spricht Gott der Herr: Siehe, ich will mich meiner Herde selbst annehmen und sie suchen. Wie ein Hirte seine Schafe sucht, wenn sie von seiner Herde verirrt sind, so will ich meine Schafe suchen und will sie erretten von allen Orten, wohin sie zerstreut waren zur Zeit, als es trüb und finster war.«
Lieber, lieber Greg: Gott hat Dich gesucht, hat Dich unter den »Zerstreuten« gefunden und zieht Dich jetzt zu sich, um Dir zu zeigen, daß er Dich liebt und schätzt. Leider teilen die »Schafe« nur zu oft nicht das Mitleid und Erbarmen des Schäfers. Christen können einander grausam wehtun. Verwechsle nicht das Verhalten der Schafe mit dem des Schäfers! Er stellt Dir keine Bedingungen, Greg – außer, daß Du an ihn glaubst und ihn aufnimmst. WAS FÜR EIN ANGEBOT! Möge Gott Dich lieben und nicht loslassen, Greg!
Marilyn Meberg

Nicht lange danach erhielt Marilyn diesen Brief von Greg:

Liebe Mrs. Meberg,
danke für die Verse aus Hesekiel 34. Ich sitze hier und bin ganz überwältigt von dem Segen, den Gott über dieses kleine verirrte Schaf ausgeschüttet hat. Er ist mir wirklich nachgegangen auf meinen Abwegen – nicht nur den äußeren Abwegen, sondern den Wegen in meinem Herzen, auf denen ich mich nach und nach von seiner Wärme entfernt habe und kalt geworden bin. Ich möchte Ihnen ein paar Dinge sagen. Zum ersten Mal in meinem Leben weiß ich, daß Gott wirklich da ist. Ich sitze nicht mehr vor der Speisekarte und bewundere die schönen Bilder; mein Mahl steht vor mir auf dem Tisch, ich esse und schmecke es. Ich weiß, daß der Tod eine Realität ist; ich habe ihn in den Augen meines Freundes Brent gesehen, und ich weiß, daß ich eines Tages auch sterben werde. Aber ich weiß auch, daß der Schäfer, der mich wiedergefunden hat,

mich dann, wenn ich die andere Seite erreiche, in seine Arme nehmen wird!

Zu Weihnachten schenkte Greg mir einen reizenden Erma Bombeck-Kalender, und jeden Tag, wenn ich das nächste Blatt abreiße, denke ich an ihn und seinen wunderbaren Humor und die Gaben, die er so gut für Gott einsetzt. Einmal bat ich ihn, einen ganzen Haufen Bibelstellen für unseren nächsten Rundbrief herauszusuchen. Er war fleißig und brachte mir die Liste, in der etliche Stunden Arbeit steckten. Er war ganz stolz, daß er meinen Auftrag voll ausgeführt hatte; er wollte doch nach all dem, was wir für ihn getan hatten, auch einmal etwas für uns tun. Und so ist es ja auch:

WENN WIR ANDEREN HELFEN,
HELFEN WIR UNS SELBST.

NIMM DIR ZEIT ZUM LIEBEN

Gregs Geschichte ist beispielhaft für so viele andere, wo Menschen in die eine oder andere Schlammgrube des Lebens gestürzt sind. Wenn wir in unserem Leben Gottes Liebe erfahren haben, dann will er, daß wir diese Liebe an andere weitergeben. Wie es in der letzten Zeile eines Gedichts heißt:

NIMM DIR ZEIT ZUM LIEBEN — WIE GOTT.

Wie viele Menschenleben können wir erreichen, wenn wir uns als Kanäle für Gottes Liebe zur Verfügung stellen! Vielleicht haben Sie das folgende Gedicht — in Amerika ist es sehr bekannt — schon einmal gelesen. Es ist überschrieben »Die alte Violine«, und ich bringe es hier, weil es die Botschaft dieses Kapitels so gut zusammenfaßt:

Sie war alt und verkratzt, und der Auktionator
dachte: Was bringt das Ding noch?
Eine wertlose Geige, die will keiner mehr!
Doch hielt er sie lächelnd hoch.
»Wer möchte anfangen?« so rief er es laut.
»Hier bitte, was bieten Sie mir?

Ein Dollar – jetzt zwei – und jetzt sind es schon drei.
Na bitte, sagt da jemand vier?
Vier Dollar zum Ersten, zum Zweiten, und jetzt
vier Dollar zum Dritten ...« Doch halt!
Ganz hinten im Saale, da steht jemand auf,
kommt nach vorne – ein Mann, grau und alt.
Und er nimmt den Bogen und pustet den Staub,
und alle Saiten er stimmt.
Und er spielt eine Weise so süß und so rein,
als ob ein Engel sie singt.
Die Geige schweigt, und der Auktionator,
die Stimme andächtig und sanft,
fragt: »Was bieten Sie bitte für dies Instrument?«
Und er hält es hoch in der Hand.
»Eintausend Dollar – jetzt sind es schon zwei –
Zweitausend – Wer bietet noch mehr?
Dreitausend! Zum Ersten, zum Zweiten und jetzt
zum Dritten! Dreitausend!« ruft er.
Die Leute, die klatschten, doch einer, der rief:
»Das ist aber doch allerhand!
Was hat denn das Ding da so wertvoll gemacht?«
Und die Antwort: »Des Meisters Hand!«
So manch einer, dessen Leben verstimmt
und an Schuld und Versagen zerbricht,
wird billig verhökert vor gaffendem Saal,
wie die Geige in unserm Gedicht ...
Doch dann kommt der Meister, und die Menge, sie staunt,
weil sie ganz nie verstehen kann
den Wert einer Seele und das Wunder, das kommt
durch des Meisters verwandelnde Hand.

Myra Brooks Welch[3]

Es gibt viele Arten, den Menschen Gottes verwandelnde Hand
zu demonstrieren. Ich habe in meinen Büchern schon vorge-
schlagen, einen Ziegelstein in Goldpapier zu wickeln und so zu
verschenken.[4] So ein Stein kann zum Beispiel als Türstopper
dienen. Am besten machen Sie zuerst einen für sich selbst.
Besorgen Sie sich einen gebrauchten Ziegelstein – oder auch,
für ein paar Groschen, einen neuen in einem Baugeschäft. Als
zweites besorgen Sie sich schön glänzendes Goldpapier und
wickeln den Stein darin ein. Zum Schluß verzieren Sie das
Ganze mit einer bunten Schleife oder vielleicht auch ein paar
Beeren oder einem Zweig.

Und jetzt — haben Sie etwas, das Sie daran erinnert, daß Sie *ein werdendes Goldstück sind!* Der Schmelzofen des Schmerzes, den Sie hinter sich haben oder in dem Sie gerade stecken, macht Sie zu Gold — Gottes Gold. Gott reinigt und läutert Sie, um Sie *wertvoller* zu machen!

Wußten Sie schon, daß alles Gold der Welt, zu einem massiven Würfel zusammengeschmolzen, etwa so groß wäre wie ein Acht-Zimmer-Haus? Es wäre Milliarden Dollar wert — und doch könnten Sie damit keinen einzigen Freund, keinen Seelenfrieden, kein reines Herz oder Gewissen, auch kein ewiges Leben kaufen. Aber Sie — Sie sind *werdendes Gold*, durch die Nöte und Prüfungen, die Sie durchgemacht haben!

Wenn Sie Ihren eigenen Goldstein als Türstopper haben, machen Sie einen zweiten, für eine/n gute/n Freundin/Freund. Vielleicht ist das jemand, der ein »Goldstück« in Ihrem Leben gewesen ist, der Sie ermutigt und aufgerichtet hat und jetzt selber etwas Ermutigung braucht. Bringen Sie dieser Person diesen Stein. Sagen Sie ihr, wie sehr sie Sie gestärkt und aufgerichtet und Ihnen durch Ihre Leidenszeit hindurchgeholfen hat — und daß Sie ihr jetzt zeigen wollen, daß auch sie werdendes Gold ist.

Vielleicht brauchen Sie bald eine kleine Goldziegelei, um genügend solcher Steine für Ihre Goldfreunde herzustellen ...

In der letzten Zeit mache ich oft auch etwas anderes: Ich wickele ein etwa streichholzschachtelgroßes Stück Holz in Geschenkpapier ein, komplett mit Schleife, und verschicke es an meine Freunde. Auf das kleine Geschenkpaket klebe ich den folgenden Text:

Was hier drin ist, weißt Du nicht,
doch kommt es ganz von mir.
Es ist nur für Dich bestimmt,
drum schenke ich es Dir.
Immer wenn Du glücklich bist,
oder auch, wenn nicht,
brauchst Du dies nur anzuschauen
und weißt: Ich denk an Dich.
Auspacken kannst Du es nie,
laß das Band schön zu.
Preß es einfach an Dein Herz
und spür die Liebe Du.

Dies sind nur zwei Ideen – ganz einfache und billige –, wie man das Herz eines Menschen erreichen und ihm etwas Freude in den Sorgenschlamm dieser Welt hineingießen kann. Vielleicht halten Sie nichts von Goldziegeln und machen etwas ganz anderes – Hauptsache, Sie tun etwas. Wie eine Frau mir schrieb:

STELL DIR VOR, DU BIST EIN STERN,
UND MACH JEMANDEM EIN LICHTLOCH IN SEINE DUNKELHEIT.

ÜBERRASCHUNG IM RADIO

Am Ende eines Radiointerviews mit James Dobson sagte er ein paar nette Sätze über unsere Spatula-Arbeit:

> Barbara, das ist echt mitmenschlich, daß wildfremde Menschen Dir schreiben und ihr Herz ausschütten können. Die meisten von uns haben ja an ihrem eigenen Päckchen genug zu tragen und brauchen nicht noch die Probleme der anderen. Es ist ja eine Sache, einen Bruder oder Schwester aus seiner eigenen Gemeinde in die Arme zu nehmen, den man seit Jahren kennt. Aber der ganzen Welt zu sagen: »Ihr könnt mir alle eure Probleme und all euer Elend bringen« – das ist schon etwas anderes. Und das tust du jetzt schon seit Jahren. Ich kann nur sagen: Hut ab vor dir, Barbara, auch wenn ich gerade keine Geranie dran habe. Hut ab und alle Achtung!

Ich versuchte, etwas verlegen, Dr. Dobson für seine freundlichen Worte zu danken, aber er unterbrach mich. Er habe eine Überraschung für mich, sagte er. »Wir haben gerade eben Barbaras Sohn angerufen«, verkündete er den Zuhörern, »und er möchte uns und Ihnen allen etwas sagen.« Und dann hörte ich, wie Larrys Stimme diese unvergeßlichen Worte sagte:

> Die elf Jahre der Entfremdung waren für meine Eltern und mich sehr schwer. In dieser Zeit spürte ich deutlich, wie Bitterkeit und Zorn unsere Familie im Griff hatten. Aber jetzt hat Gott uns zurechtgebracht, und dafür sind wir dankbar.
> Wenn Sie das Buch *Freude ist die beste Medizin* gelesen haben, werden Sie einiges über diese Jahre kennen und auch, wie die seelsorgerliche Arbeit meiner Mutter sich auf meine Situation

und auf die von Menschen in ähnlicher Lage ausgewirkt hat.
Ich bin dankbar für Sie und alle Ihre Zuhörer, die für mich und
meine Verwandten gebetet haben, und kann Ihnen nur folgendes sagen:
Wenn wir uns als Christen nur vornehmen können, in allem,
was wir tun, liebevoll zu sein, das Verurteilen zu lassen und die
Furcht des Herrn zu lernen, dann wird das Licht Christi in dieser ungläubigen Welt hell leuchten, und unter den Menschen,
mit denen wir täglich zu tun haben, wird es zu Heilung und
Erweckung kommen.

Dort zu sitzen und nach den langen Jahren der Bitterkeit diese
Worte aus dem Mund meines lieben Sohnes zu hören — das
war nicht nur ein Spritzer Freude, das war eine ganze Flutwelle! Als seine Mutter und — was noch wichtiger ist — seine
beste Freundin kann ich nur sagen: *Hurra!*

Zu guter Letzt

FREUDE IST WIE EIN MARMELADENBROT,
DAS MAN VERSCHENKT:
ETWAS KRIEGT MAN IMMER SELBER AB!

* * * * * *

WENN GOTT EINEN MENSCHEN MISST,
LEGT ER DAS MASSBAND NICHT UM SEINEN KOPF,
SONDERN UM SEIN HERZ.

* * * * * *

GOTT LIEBT EINEN JEDEN VON UNS,
ALS SEI ER DER EINZIGE MENSCH AUF DER WELT.

Augustinus

* * * * * *

Liebe ...

ist der einzige Schatz, der sich durch Aufteilen vervielfacht,
das einzige Geschenk, das größer wird, je mehr man weggibt.
Sie ist das einzige Geschäft, in dem Verschwendung sich aus-

zahlt: Gib sie weg, wirf sie weg, verschütte sie, leere deine
Taschen aus, stülpe den ganzen Korb um und das ganze Glas —
morgen wirst du mehr haben als je zuvor.

Verfasser unbekannt

* * * * * *

ERLÖSUNG —
GEH NICHT WEG, BIS DU SIE HAST!

* * * * * *

Gib großzügig! Lebe im Überfluß!

Je mehr du gibst, je mehr du kriegst.
Je mehr du lachst, je weniger du sorgst.
Je selbstloser im Leben du bist,
je mehr an Überfluß du hast.
Je mehr du gerne weitergibst,
je mehr wirst du stets übrig haben.
Je mehr du liebst, je mehr du siehst,
daß liebe Freunde dich umgeben.
Denn nur was wir verschenken,
bereichert uns von Tag zu Tag.

Verfasser unbekannt

* * * * * *

WAS KEIN AUGE GESEHEN HAT
UND KEIN OHR GEHÖRT HAT
UND IN KEINES MENSCHEN HERZ GEKOMMEN IST,
DAS HAT GOTT BEREITET DENEN, DIE IHN LIEBEN.

(1. Korinther 2,9)

* * * * * *

Die Söhne der Gerechten werden gerettet (Sprüche 11,21,
Einheitsübersetzung).

ZUGABE

RAUS AUS DEM DRECK!

Das Leben ist zu kurz, um überreife Bananen zu essen.

Kürzlich sprach ich auf einer Konferenz in einer entlegenen Ecke von Nebraska. Meine Unterkunft lag direkt unter einer Eisenbahnbrücke, und die Strecke war vielbefahren. Den größten Teil der Nacht lag ich wach, und ich mochte das sogar. Es machte mir Spaß, zu hören, wie die Züge sich durch ein erstes, entferntes Pfeifen ankündigten, langsam lauter wurden und dann vorbeidonnerten. Bald konnte ich die verschiedenen Lokomotivtypen an ihrem Motorengeräusch und am Klang der Pfeife auseinanderhalten.

Als ich so den vorbeifahrenden Zügen lauschte, mußte ich daran denken, wie ich als kleines Mädchen meine Tante besucht hatte, die auch in der Nähe einer Eisenbahnlinie wohnte. Wie vertraut mir all diese Geräusche klangen! Die einzige Lokomotive, die ich heutzutage sonst höre, ist die Dampflok im Vergnügungspark Knott's Berry Farm. Nein, ich war glücklich in dieser schlaflosen Nacht.

Als ich am Morgen zum Frühstück ging, schaute ich zu der Brücke hoch und mußte denken, wie so eine Eisenbahn doch ein wahres Kunstwerk ist. Früh am Morgen und spät am Nachmittag, wenn die Sonne wieder auf den Horizont zusank, leuchteten die Schienenstränge strahlend hell auf dem braungrau verwitterten Bett der Schwellen und des Schotters.

Wie schön sie waren, diese leuchtenden Stahlbänder im goldenen Sonnenlicht! Und warum? Weil Last um Last über sie hinweggerollt, Druck auf Druck sie blankpoliert hatte. Wie bei so vielen Menschen, die ich kenne!

Beim Frühstück klagten viele der Frauen über die vielen Nachtzüge, und einige fragten mich, wie um alles in der Welt ich hatte schlafen können. Ich antwortete, daß es mir nichts ausgemacht hatte. Dann fragte ich eine Frau, woher es wohl kam, daß offenbar alle Züge in Richtung Osten gefahren waren. Ihre Antwort: »Na, weil die Lok dahin fährt!«

Ich verkniff es mir, ihr zu sagen, daß *ich* für die Witze zuständig war ... Ich war einfach glücklich, daß ich diese Geräusche meiner Kindheit genießen und in den kleinen Dingen Freude finden durfte. Schlafen konnte ich woanders oder zu Hause, aber die halbe Nacht wachliegen und den vorbeirauschenden Zügen lauschen und an früher denken – wo ging das schon?

Geräusche beflügeln mein Gedächtnis. Und Gerüche. Wohl jeder von uns kennt Gerüche, die ihn an glückliche Kindheitstage erinnern. Der Geruch brennenden Gartenlaubs – falls denn Feuer im Garten gesetzlich noch erlaubt sind – erinnert manche von uns an Lagerfeuer aus der Schulzeit. Der Geruch von Tannenzapfen bringt uns die erste Wanderung oder Zeltlager zurück ins Gedächtnis. Jod und Desinfektionsalkohol lassen unseren Magen leicht zusammenzucken, weil sie uns an Spritzen beim Arzt oder einen Aufenthalt im Krankenhaus erinnern. Die altmodische Süße des Flieders läßt vielleicht einen Kindheitsgarten wieder auferstehen, und mich erinnert der Geruch feuchter Wolle immer an schneenasse Fausthandschuhe, Schneebälle und rotbackige Kinder, die aus der Kälte draußen ins warme Wohnzimmer kommen.

Unsere Ohren und Nasen können uns mehr über das Leben lehren als manches Buch. Und so liebe ich das Geräusch der Lokomotivpfeifen, den Geruch von frischgemachtem Kaffee, Babypuder und neuem Leder und das Wispern des Regens auf dem Sand eines sommerlichen Weges.

Ich mag sogar den Benzingeruch beim Tanken an der Tankstelle. Vielleicht erinnert er mich an jene stundenlangen Überlandfahrten durch die Südstaaten der USA, wo die Sonne so heiß war, daß die Buntstifte der Kinder schmolzen.

Egal welcher Monat es gerade ist, immer sind Geräusche in der Luft, die unser Gedächtnis und unser Herz lebendig machen. Wie J. H. Roades es ausgedrückt hat:

EXISTIERE NICHT NUR – LEBE!
BERÜHRE NICHT NUR – FÜHLE!
SIEH NICHT NUR – SCHAUE!
HÖRE NICHT NUR – LAUSCHE!
REDE NICHT NUR – SAGE ETWAS!

Ich würde noch hinzufügen: Rieche nicht nur einen Geruch, *genieße* ihn! Ja, genießen Sie alles, solange Sie können.

Als ich in Michigan aufwuchs, kauften wir die Äpfel kistenweise. Meine Mutter achtete strikt darauf, daß wir sie *alle* aufaßen – auch die mehligen, braunen ganz unten. Als ich Bill heiratete, dachte ich: *Jetzt mußt du endlich kein überreifes Obst mehr essen* – nur um festzustellen, daß Bill genauso war wie meine Mutter, nur daß seine Spezialität braune Bananen waren.

Als die Jungen noch klein waren, achtete Bill mit Argusaugen darauf, daß sie *alle* Bananen aufaßen, auch wenn sie längst weich und fleckig waren. Wir aßen nie frische Bananen, immer nur überreife – wenn ich sie nicht heimlich entsorgte, wenn Bill auf der Arbeit war. Vielleicht kommt es daher, daß ich den Monatsbeginn so liebe, denn dann werfe ich immer alles liegengebliebene Obst in den Müll und kaufe frisches. Ich finde, das Leben ist zu kurz, um überreife Bananen zu essen. Oder braune Äpfel ...

Auch wenn ich froh bin, daß die »überreifen« Zeiten endlich vorbei sind, bin ich doch auch froh, daß wir bei Mutter die alten, mehligen Äpfel essen mußten und bei Bill die braunen Bananen. Das war mir nämlich eine wertvolle Lektion für mein Leben – eine Lektion, die auch in einer meiner Lieblingslektüren zu finden ist: in dem Artikel »Der Bahnhof« von Robert J. Hastings, einem Mann, der nicht an weiche Äpfel und braune Bananen glaubte.

> Tief in unserem Unterbewußten schlummert ein idyllisches Bild, in welchem wir auf einer langen Reise durch einen ganzen Kontinent sind. Wir fahren mit dem Zug, und vor dem Fenster huschen Autos auf nahen Straßen vorbei, Bahnübergänge mit winkenden Kindern, Kühe und Schafe auf ihren Weiden, rauchspuckende Kraftwerkschlote, Felder und Wiesen, Ebenen und Täler, die Hochhäuser der Städte und die Kirchtürme der Dörfer.
>
> Aber am meisten von allem beschäftigt uns unser Ziel. Zu einer ganz bestimmten Stunde an einem ganz bestimmten Tag wird unser Zug in den Zielbahnhof einrollen, begleitet von Glockengeläute, wehenden Fahnen und den Klängen der Stadtkapelle. An diesem Tag werden sie sich erfüllen, unsere Träume. Und wir laufen rastlos durch den Gang, zählen die Meilen, schauen ungeduldig nach draußen, versuchen den Bahnhof herbeizugucken, warten und warten.

»Ja, wenn wir an dem Bahnhof sind, dann haben wir es geschafft!« versprechen wir uns. »Wenn wir achtzehn sind ... wenn wir diese Beförderung bekommen haben ... wenn unser Jüngster das Studium hinter sich hat ... wenn wir uns den großen Mercedes leisten können ... wenn die Hypothek abgezahlt ist ... wenn wir unseren Lebensabend geregelt haben.« Ja, von diesem Tag an wird das Leben beginnen, und alles wird gut sein.

Doch früher oder später erkennen wir: Es gibt ihn nicht in unserem Leben, den großen Bahnhof, es gibt keinen Ort, an dem wir für immer bleiben werden. Es gilt, die Reise zu genießen. Der Bahnhof ist eine Illusion — wir erreichen ihn nie. Das Gestern ist Erinnerung, das Morgen ein Traum. Gestern gehört zur Geschichte, morgen gehört Gott. Gestern — das ist die letzte Abenddämmerung, morgen das erste Morgenrot. Genügend Licht zum Leben und Lieben gibt es nur heute.

Schließen wir also die Tür zu gestern und werfen wir den Schlüssel weg. Nicht die Lasten von heute machen die Menschen verrückt, sondern die Reue über gestern und die Angst vor morgen.

»Genieße den Augenblick« — das ist ein gutes Motto, besonders wenn man Psalm 118, 24 danebenstellt: »Dies ist der Tag, den der Herr macht; laßt uns freuen und fröhlich an ihm sein.« Höre also auf, durch den Gang zu tigern und die Meilen zu zählen. Durchschwimme lieber mehr Flüsse, steige auf mehr Berge, küsse mehr Babies, zähle mehr Sterne. Lache mehr und weine weniger. Gehe öfter barfuß. Iß mehr Eiscreme. Fahre mehr Karussell. Betrachte mehr Sonnenuntergänge. Das Leben müssen wir unterwegs leben.[1]

Robert Hastings hat recht. In diesem Leben wird es keinen alles entscheidenden Bahnhof geben. Genießen wir also lieber die Reise. Aber ganz am Ende wird er kommen, der Bahnhof der Bahnhöfe.

In Kanada sprach ich auf einer Konferenz, wo nach dem letzten Vortrag sofort die Abreise war. Die Teilnehmer wurden daher gebeten, schon vor dem Schlußvortrag ihre Reisekleidung anzulegen — die »Nach-Hause-geh-Kleider«, wie es hieß. Das gab mir zu denken. Ist es nicht so, daß wir alle in Reisekleidung sind — Pilger auf dem Weg nach Hause?

In meiner Heimatkirche gab es ein Lied, das wir »im Wechsel« sangen. Die eine Seite der Kirche sang: »Ich bin auf dem Weg nach Haus ... Ich bin auf dem Weg nach Haus ...«, und die andere Seite antwortete: »Singt es alle, singt es alle: *Auf dem Weg nach Haus!*« Das ging mehrere Verse so weiter, bis zu dem letzten »Auf dem Weg nach Haus«, das leise und wie von ferne verklang.

Jeder, der an Christus glaubt, ist auf dem Weg nach Hause. Einen nach dem anderen unserer Lieben ruft Gott zu sich als Angeld im Himmel, und wie es in 1. Korinther 2, 9 heißt: »Was keiner jemals gesehen oder gehört hat, was keiner jemals für möglich gehalten hat, das hält Gott für die bereit, die ihn lieben« (Gute Nachricht). Welch eine Hoffnung liegt in diesen Worten. Und wenn es je eine Zeit gab, wo wir Hoffnung brauchten, dann doch *heute!*

In Römer 15,13 ruft Paulus aus: »Der Gott der Hoffnung aber erfülle euch mit aller Freude und Frieden im Glauben, daß ihr immer reicher werdet an Hoffnung durch die Kraft des heiligen Geistes.« Reicher werden an Hoffnung – das heißt für mich, überfließende Freude bekommen. Wenn wir noch nicht hier unten in Freude baden, dann spätestens oben im Himmel.

IM HAUS UNSERES VATERS SIND VIELE WOHNUNGEN ...
ICH HOFFE, DU BIST MEIN NACHBAR!

Memo

Bin zum Vaterhaus,
um deine Wohnung vorzubereiten

Komme bald wieder,
um dich zu holen.
                    Jesus

ANMERKUNGEN

KAPITEL 1: LÄCHELN!
DAS NÄCHSTE UNGLÜCK KOMMT BESTIMMT

1. Die Markennamen in den folgenden Abschnitten sind sämtlich frei erfunden; etwaige Ähnlichkeiten mit tatsächlichen Produkten sind zufällig. (Anmerkung des Übersetzers)
2. Eine Behandlung dieses Themas vom Standpunkt des Psychologen ist zum Beispiel »It Pays to Be an Optimist Even When Almost Everyone Is Pessimistic«, ein Interview mit Dr. Martin E.P. Seligman von der University of Pennsylvania, in: *Bottom Line Personal* 12, no. 10 (30. Mai 1991), S. 1.
3. Charles R. Swindoll, *Strengthening Your Grip* (Waco, Texas: Word Books, Inc., 1982). Mit freundlicher Genehmigung.

KAPITEL 2: WIE MAN TROTZ ALLEM WEITERMACHT

1. Die in diesem Buch erwähnten Unglücksfälle habe ich in zwei weiteren Büchern näher beschrieben: in *Where Does a Mother Go to Resign?* (Minneapolis: Bethany House Publishers, 1979) und in *Freude ist die beste Medizin* (deutsche Ausgabe Neuhausen: Hänssler, 1995).
2. »Twelve Steps in the Grief Process«, von Theos National Headquarters, 1301 Clark Building, 717 Liberty Avenue, Pittsburgh, Pennsylvania 15222.
3. Ida Fisher, *The Widow's Guide to Life* (Long Beach, California: Lane Con Press), zitiert in: *Horizons*, einem von Secure Horizons herausgegebenen alle zwei Monate erscheinenden Rundbrief (Juli/August 1991), S. 1.
4. Edgar A. Guest, »To All Parents«, aus: *All in a Lifetime*, erstmals 1938 erschienen. Wiederabgedruckt 1970 von Books for Libraries Press, jetzt ein Impressum der Ayer Company, Salem, New Hampshire. Mit freundlicher Genehmigung.
5. Ann Landers, *The Ann Landers Encyclopedia, A to Z* (New York: Ballantine Books Edition, 1979), S. IX.

Kapitel 3: Warum ich nicht alles verstehen muss

1. Ashleigh Brilliant, *Pot-Shots*, No. 954, Copyright Brilliant Enterprises, 1976. Mit freundlicher Genehmigung.
2. Ich habe dies detaillierter dargestellt in meinem Buch *Freude ist die beste Medizin* (Neuhausen: Hänssler, 1995), Kapitel 3 und 11, sowie in *Where Does a Mother Go to Resign?* (Minneapolis: Bethany House Publishers, 1979).
3. Der Arzt hieß Benjamin Rush, und sein Buch war *Medical Enquiries and Observations Upon the Diseases of the Mind*, Copyright 1836. Zitiert in: Colin Murray Parkes, *Vereinsamung. Die Lebenskrise bei Partnerverlust* (Reinbek: Rowohlt, 1974), S. 32.

Kapitel 4: Da sitz ich nun

1. Trina Paulus, zitiert von Sue Monk Kidd, *When the Heart Waits* (New York: Harper & Row, 1990).
2. Josh McDowell, *Building Your Self-Image* (Wheaton, Ill.: Living Books, Tyndale House Publishers, Inc., 1988), S. 19-20.
3. Mehr über diese drei »Beine« der Selbstachtung bringt Maurice Wagner, *The Sensation ob Being Somebody* (Grand Rapids: Zondervan Publishing House, 1975), Kapitel 4. Wagners Buch ist eine exzellente Darstellung, wie man ein angemessenes Selbstbild aufbaut.
4. McDowell, *Building Your Self-Image*, S. 39-40.
5. Ashleigh Brilliant, *Pot-Shots*, No. 251, Copyright Brilliant Enterprises, 1971.

Kapitel 5: Stress, Stress, Stress!

1. Karol A. Jackowski, *Mehr Spaß am Leben. Zehn todsichere Tips einer amerikanischen Nonne* (Freiburg: Herder, 1993), S. 39-40.
2. Das Gedicht ist abgedruckt in: Jackowski, *Mehr Spaß am Leben*, S. 41. Mit freundlicher Genehmigung.
3. Adaptiert aus:»101 Ways to Cope with Stress«, Life Focus Center, 2255 Broadway Drive, Hattiesburg, Mississippi 39402.
4. Ebd.
5. Mit freundlicher Genehmigung von Ernest Lowe.

Kapitel 6: Lachen steckt an — Weinen macht nass

1. Siehe Donald E. Demaray, *Laughter, Joy, and Healing* (Grand Rapids: Baker Book House, 1986), S. 25.
2. Norman Cousins, *Anatomy of an Illness as Perceived by the Patient* (New York: Norton, 1979).
3. Dr. Laurence Peter und Bill Dana, *The Laughter Prescription* (New York: Ballantine Books, 1982), S. 8.
4. Peter und Dana, *The Laughter Prescription*, S. 9.
5. Demaray, *Laughter, Joy, and Healing*, S. 29.
6. Siehe »A Laugh a Day May Help Keep the Doctor Away«, in: *Prevention*, 43, No. 6 (April — Mai 1991), S. 50-51.
7. Aus einem Vortrag von Marilyn Meberg, 1989, Lake Avenue Congregational Church, Pasadena, Kalifornien. Mit freundlicher Genehmigung.
8. Leo Buscaglia, *Loving Each Other* (New York: Holt, Rinehart and Winston, 1984), S. 116.
9. Die Geschichte findet sich auf einem der Tonbänder in der Lyndon B. Johnson Presidential Library in Austin, Texas.
10. Die Originalquelle ist unbekannt. Ich habe bei drei verschiedenen Zeitungs-/Presseverbänden in Kalifornien und New York nachgefragt. Alle kannten die Geschichte und gaben an, sie verschiedentlich angetroffen zu haben, aber niemand kannte die Quelle.
11. Aus einem Vortrag von Marilyn Meberg, 1989, Lake Avenue Congregational Church, Pasadena, Kalifornien. Mit freundlicher Genehmigung.
12. *Reminisce*, 1, No. 1 (1991), S. 46.
13. Ebd.
14. Ebd.

Kapitel 7: Fit, fitter, am dicksten

1. Remarkable Things, Copyright 1988, Long Beach, California 90805. Mit freundlicher Genehmigung.
2. Victor Buono ist vor einigen Jahren verstorben. Es war mir nicht möglich, die Quelle dieses Bandes zu ermitteln.
3. »Calories That Don't Count«, Old Towne Press, 227 E. Chapman Avenue, Orange, California.
4. Anastasic Toufexis, »Forget About Losing Those Last Ten Pounds«, in: *Time* (8. Juli 1991), S. 50.
5. Toufexis, *Time*, S. 51.
6. Für einige dieser Gedanken über das Reifwerden bin ich Ann Landers zu Dank verpflichtet.
7. Ashleigh Brilliant, *Pot-Shots*, No. 611, Copyright Brilliant Enterprises. Mit freundlicher Genehmigung.

Kapitel 8: Vater werden ist nicht schwer, Mutter sein dagegen sehr

1. Originalquelle unbekannt. Zitiert in: *Phyllis Diller's Housekeeping Hints* (New York: Doubleday & Company, 1966).
2. Remarkable Things, Copyright 1988, Long Beach, California 90805. Mit freundlicher Genehmigung.
3. Aus einem Artikel von Stan Walwer, »Why Mother's Tough to Understand«, Highland Newspapers, City of Industry, California. Mit freundlicher Genehmigung.
4. Sondra Johnson, »Praying for Adult Children«, mit freundlicher Genehmigung aus *The Breakthrough Intercessor*, Copyright Breakthrough, Inc., Lincoln, Virginia 22078.
5. Ebd.
6. Design von Pat Carson, Sumter, South Carolina. Verfasser des Gedichtes unbekannt.
7. L. J. Burke, zitiert in: »Promises for Parents: Daily reminders that children are a gift from God«, Ein *DayBrightener*-Produkt von Garborg's Heart'n'Home, Bloomington, Minnesota. Mit freundlicher Genehmigung.

Kapitel 9: Herr, hilf, dass ich kein Besen bin, denn morgen muss ich ihn fressen

1. Ashleigh Brilliant, *Pot-Shots*, No. 129, Copyright Brilliant Enterprises, 1984. Mit freundlicher Genehmigung.
2. Adaptiert von: Toby Rice Drews, *Getting Them Sober*, vol. 1 (Plainfield, N.J.: Haven Books, 1980).
3. Barbara Johnson, *Freude ist die beste Medizin* (Neuhausen: Hänssler, 1995), S. 187ff.
4. Adaptiert von: Ken Durham, *Speaking from the Heart* (Fort Worth: Sweet Publishing, 1986), S. 99.
5. Ebd.

Kapitel 10: Morgen ist Sonntag

1. Aus: Ruth Harms Calkins, *Tell Me Again, Lord, I Forget* (Wheaton, Ill.: Copyright 1974). Mit freundlicher Genehmigung des Verlags Tyndale House Publishers, Inc. Alle Rechte vorbehalten.
2. Originaltitel: »When I Come Home to Heaven«, von Beth Stuckwisch, Copyright 1984. Mit freundlicher Genehmigung von Dicksons, Inc., Seymour, Indiana.

3. Myra Brooks Welch, *The Touch of the Master's Hand* (Elgin, Ill.: The Brethren Press, 1957).
4. Siehe Barbara Johnson, *Fresh Elastic for Stretched-Out Moms* (Old Tappan, N.J.: Fleming H. Revell Co., 1986), S. 176-177.

Zugabe: Raus aus dem Dreck!

1. Robert Hastings, »The Station«, in: *A Penny's Worth of Minced Ham* (Carbondale, Ill., Southern Illinois University Press, 1986). Mit freundlicher Genehmigung von R. Hastings.

hänssler

WEITERE TITEL VON BARBARA JOHNSON IM HÄNSSLER VERLAG:

FREUDE IST DIE BESTE MEDIZIN
Mutmachende Gedanken einer leidgeprüften Frau
Pb., 200 S., Nr. 58.126
ISBN 3-7751-2217-6

Barbara Johnson hat gelernt, mit Leid umzugehen und sich die Freude am Leben nicht nehmen zu lassen. Ein humorvolles und zugleich tiefgehendes Buch.

SORGEN LÄHMEN — LIEBEN VERÄNDERT
Mut für Eltern in harten Zeiten
Pb., 240 S., Nr. 392.721
ISBN 3-7751-2721-6

Wie Liebe schwierige Situationen verändern kann! In ihrer bekannt-humorvollen Weise gibt Barbara Johnson ratsuchenden Eltern Tips und Hilfen.

MAMA, HOL DEN HAMMER — AUF PAPAS GLATZE SITZT 'NE FLIEGE
Pb., 180 S., Nr. 392.923
ISBN 3-7751-2923-5

Lachen als bewährte Therapie gegen Streß, Schmerz und Hoffnungslosigkeit! Die Autorin bietet einen bunten Strauß aus Erlebnissen, Anekdoten, Ratschlägen und Cartoons. Wer lachen kann, der hat Hoffnung — versuchen Sie es einmal!

Bitte fragen Sie in Ihrer Buchhandlung nach diesen Büchern! Oder schreiben Sie an den Hänssler Verlag, D-71087 Holzgerlingen.